KB186869

중국인 학습자를 위한

한국어 의문문 연구

저자 왕정

　　중국 연변대학교 언어학 석사, 한국 인하대학교 교육학 박사 학위를 취득했으며, 현재 중국 청도농업대학교 한국어과 교수로 재직하고 있다. 저서로는『한국어학습자를 위한 문법 교육 연구』(공저),『중국인 학습자를 위한 한국어교육 연구』(공저)가 있고, 논문으로는「한국어와 중국어의 조어법 대조 연구」,「文化导入在韩国语二外教学中的应用」,「韩国语网络语言的形式特征及其成因」,「中韩色彩词词性对比」등이 있다.

중국인 학습자를 위한
한국어 의문문 연구

초판인쇄　2015년 2월 10일
초판발행　2015년 2월 20일

저　　　자　왕　정
발 행 인　윤석현
발 행 처　도서출판 박문사
편　　　집　최현아
책임편집　김선은
마 케 팅　권석동
등록번호　제2009-11호

우편주소　서울시 도봉구 우이천로 353 3F
대표전화　(02)992-3253
전　　송　(02)991-1285
전자우편　bakmunsa@daum.net
홈페이지　http://www.jncbms.co.kr

책 글자수　150,716자

ISBN 978-89-98468-50-7　93710　　　　　　　정가 13,000원

중국인 학습자를 위한
한국어 의문문 연구

왕 정

박문사

언어는 인간의 사고적 도구이면서 인간과 인간 사이의 의사소통 행위의 도구이다. 인간의 언어를 통해서 이루어지는 의사소통의 목적은 상대방의 생각이나 의도를 파악하고 자기의 생각이나 의도를 표출하는 데 있다. 일반적으로 문장의 유형과 기능은 대응관계로 이루어진다. 진술문은 진술 기능을 수행하고, 의문문은 의문 기능을 수행하며 명령문은 명령 기능을 수행한다. 그러나 실제의 의사소통에서 문장의 유형과 기능은 반드시 일대일의 대응관계로 이루어지는 것이 아니고 복잡한 대응 관계로 나타날 때도 있다. 의문문은 말 그대로 의문 기능을 수행하는 문장 유형이다. 그러나 한국어 의문문은 의문 기능 이외에 다양한 비의문 기능도 수행하고 있으며, 한국인의 언어생활에서 명령, 정표, 인사 등 다양한 의사소통 기능으로 광범위하게 사용되고 있다.

중국 내 한국어 전공 학습자들이 한국어를 공부하는 데 가장 큰 어려움은 언어 환경의 노출 부족이 아닌가 싶다. 중·고급 중국인 한국어 학습자들은 의문문에 관한 지식을 어느 정도는 갖고 있으나 언어 환경 노출 부족으로 자기의 발화 의도를 적절하게 표출하지 못하거나 의문문을 전략적으로 사용하지 못하는 경우가 많다. 이에 본서는 의사소통의 기본 단위인 한국어 '문장'에 관심을 두고 의문문을 대상으로 한국어 문장 교육에 초점을 두어 논제를 전개했다. 우선, 의문문 교육 연구를 위한 이론적 고찰을 토대로 한·중 의문문 기능 실현 요소 대조를 고찰하였으며, 의문문 교육 연구를 위한 자료 분석을 통해 학습자의 의문문 사용 실태를 파악했다. 그리고 이론과 실태 분석을 통해 의문문 교육 내용의 체계화와 의문문 기능에 따른 교육 내용을 구명하였으며 인지 전략을 활용한 의문문 교수·학습 방안을 제시하였다.

본서는 2014년 8월 인하대학교 대학원에 제출했던 필자의 박사학위 논문을 일부 수정하고 다듬은 것이다. 이 책이 나오기까지 많은 분들의 도움을 받았다. 특히 타국에서 많은 어려움을 이겨낼 수 있도록 격려해 주시고 지도해 주신 은사 박덕유 교수님께 감사를 드린다. 그리고 항상 저를 뒷받침 해주신 남편과 부모님께 감사드리며 아울러 4년 동안 엄마와 떨어져 있으면서도 바르게 잘 자라준 딸 락기에게도 미안함과 고마운 마음을 전한다. 마지막으로 출판의 기회를 주신 도서출판 박문사 윤석현 사장님과 관계자 여러분께 진심으로 고마움을 전한다.

2015년 2월
저자 씀

중국인 학습자를 위한
한국어 의문문 연구

서론

1. 연구의 목적과 필요성

세계 각국의 개별언어는 사회 구성원의 의사소통을 위해 자의적인 음성언어의 기호 체계를 갖고 있다. 따라서 언어의 계통이 다른 언어를 습득하려면 자국의 언어와 대상국의 언어 체계를 알아야 한다. 더욱이 고립어에 익숙한 중국어 학습자가 문법요소의 변화가 많은 첨가어인 한국어를 배우려면 조사와 어미의 활용이 매우 어려운 것이 사실이다. 외국어 교육의 최종 목표는 외국인 학습자들이 모국어 화자만큼 원활하게 의사소통을 하는 것이므로 이를 위해서는 문장을 이루는 어휘 요소와 문법적 요소에 대해 교육할 필요가 있다.

이에 본고는 의사소통의 기본 단위인 한국어 '문장'에 관심을 두고 의문문을 대상으로 한국어 문장 교육에 초점을 두어 논제를 전개하고

자 한다. 현재 중·고급 외국인 학습자들의 경우 의문문에 관한 문법 지식은 있지만 의문문의 다양한 기능을 상황에 맞춰 정확하게 표출하지 못하는 경우가 많다. 즉, 화용(話用) 능력이 많이 부족한 편이다. 따라서 본 연구는 중국인 학습자들을 위한 한국어 의문문 교육 연구이므로 화용 능력 향상을 위한 의사소통 기능 중심의 의문문 체계 교육에 대해 집중적으로 논의할 것이다. 이에 의문문의 의사소통 기능을 이루는 문법요소와 관련지어 논의할 것이며, 중국인 중·고급 학습자들의 의문문 이해·사용 양상에 대한 분석을 토대로 의문문의 체계적인 교육 내용을 고안하고 효과적인 교수·학습 방안을 모색하는 것이 본고의 목적이다.

문장 능력을 길러 주는 문장 교육은 언어 교육의 중요한 일환으로 학습자의 언어 화용 능력과 의사소통 능력을 향상시킨다. 외국어 교육은 언어 화용 능력과 의사소통 능력의 발달에 목적이 있으며, 의사소통의 기본 단위인 '문장'을 고려할 때 외국어 교육에서 문제의식을 가지고 출발할 필요가 있다. 지금까지의 한국어 교육은 어휘 교육과 문법 교육에 치중하였고 문장 교육에 대한 보다 구체적인 것에는 소홀히 하였다. 어휘 능력과 문법 능력의 발달은 문장 능력의 신장에 유용하지만 어휘 능력과 문법 능력만으로 문장 능력이 저절로 향상되는 것은 아니다. 따라서 어휘 교육과 문법 교육을 실시한 다음에 전체적으로 문장 교육을 따로 실시할 필요가 있다.

화행론에 의하면 말하기는 특정한 목적을 수반하는 행위이다.[1] 즉,

---

1) 화행론(話行論)의 시작은 영국 철학가 J. Austin(1962)에서 찾을 수 있고, 그 후 Austin의 제자인 Searle은 Austin의 화행론을 기초로 하여 이를 보완하고 체계화하여 1975년에 간접 화행론을 발표했다. 그는 화행론의 핵심은 "말하기는 특정한 목적을 수반하는 행위이다."라는 것을 주장하고 모든 발화문을 '언표 행위(locutionary act)', '언표내적

문장은 객관 세계에 관련된 진술이기보다는 언어 사용자의 의도를 나타내는 도구이다. 인간은 언어를 통해서 상대방의 의도를 파악하고 자기의 의도를 표출하면서 의사소통이 이루어진다. 그러나 정확하게 상대방의 의도를 파악하고 적절하게 자기의 의도를 표출하는 것은 쉽지 않다. 여러 가지 요인으로 인해 사람들은 실생활에서 직접적인 발화보다는 완곡하게 발화하는 경우가 많다. 발화자의 참된 의도를 정확하게 파악하고 자기의 발화의도를 적절하게 표출하는 것은 모어 화자에게도 어려운 과제인데 한국어를 외국어로 배우는 학습자들에게 이것은 더욱 어렵다. 본고에서 의사소통의 기본 단위인 '문장'을 중시해야 한다는 문제의식을 갖고 의문문을 대상으로 화자의 발화 의도에 초점을 맞춰서 한국어 문장 교육을 시도하려는 연구의 필요성이 바로 여기에 있는 것이다. 특히, 어휘적 요소에 의해 의미를 전달하는 중국어 학습자들에게 문법적 요소와 아울러 담화와 화용적 상황에서까지의 의문문의 기능적 표현을 어떻게 효율적으로 학습시킬 것인가에 초점을 두어 전개하려는 것이 본고의 목적과 필요성인 셈이다.

언어학에서 화자의 발화 의도는 언어의 의사소통 기능이라고 한다. 의문문은 일상 담화에서 의문 기능만 수행하는 것이 아니라 명령, 정표, 인사 등 다양한 의사소통 기능을 수행한다. 그리고 이와 같은 다양한

행위(illocutionary act)', 그리고 '언향적 행위(perlocutionary act)' 로 구분하였다. 언표 행위는 발화 자체를 가리키며, 언표내적 행위는 발화에 의해 특정 행동을 수행하는 행위이며, 언향적 행위는 발화 수반 행위를 통해 일어나는 것을 의미한다. 그중 언표 내적 행위가 가장 중심이 되는 행위로 화자가 의사소통에서 언어를 통하여 수행하려는 의도적인 행위로 이해된다. 일반적으로 하나의 발화는 언어형식과 대응되는 언표 내적 행위를 수행하나 때로는 언어 형식이 수행하는 것과는 다른 또 하나의 화행을 수행한다. 이와 같이 언어 형식과 일치하는 화행은 직접 화행, 언어 형식과 일치하지 않는 화행을 간접 화행이라고 정의했다.

의사소통 기능은 어떤 한 요소에 의해서만 실현되는 것이 아니고 여러 요소가 통합된 의문문이라는 통일체로 실현되는 것이다.

지금까지 논의된 의문문 교육 연구는 주로 의문형 종결어미와 의문사에 초점을 두고 진행해 왔다. 의문형 종결어미와 의문사는 의문문을 이루는 중요한 요소이지만 이 두 요소에 대한 이해만으로는 올바른 의문문을 생성할 수 없다. 모국어 화자는 여러 문장 구성 요소를 마음대로 조화해서 문장을 만들고 발화할 수 있지만 외국인 학습자에게 여러 요소를 조화해서 적절하게 의도를 표출하는 것은 쉽지 않다. 따라서 외국인 학습자들에게 문장 교육이 제대로 이루어지려면 문장의 구성 요소를 분리해서 교육하기보다는 의문문이라는 통일체 안에 묶어서 교육시키는 것이 훨씬 효율적이다. 그러므로 학습자의 의문문 구성 능력을 향상시키려면 의문문의 다양한 의사소통 기능을 이루는 요소를 적극적으로 개입시켜 의문문의 교육 내용을 구체화해야 한다.

지금까지 상술한 의문문 교육의 필요성을 바탕으로 본고의 연구 목표를 정리하면 다음과 같다.

첫째, 의사소통 기본 단위인 문장에 대한 교육의 중요성을 부각하고 의문문 교육의 중요성을 밝힐 것이다.

둘째, 학습자들의 의문문 화용 능력을 향상시키기 위해 의문문의 다양한 의사소통 기능을 심층적으로 논의할 것이다.

셋째, 그동안의 의문문 교육이 의문사와 의문형 종결어미를 치중하던 문제점을 밝히고 학습자의 의문문 사용 능력에 직접적으로 기여할 수 있는 교육 내용을 마련할 것이다.

2. 선행 연구 검토

2.1. 국어학에서 의문문에 관한 연구

의문문은 언어학의 중요한 영역으로서 의문문에 대한 연구는 꾸준히 지속돼 왔다. 지금까지의 국어학에서 의문문에 대한 연구는 어느 문법 영역보다 많이 다루어졌는데 이를 개관하면 대략 다음과 같은 몇 단계를 거치게 된다.

- 첫 번째 단계: 1890년 개화기에 출발하는 전통 문법적 연구이다.[2]
- 두 번째 단계: 1950년대 말에 출발하는 구조주의 언어학의 시각인 의문문의 형태적, 통사적 특성에 대한 연구이다.
- 세 번째 단계: 1970년대에 화용론이 독립적인 학설로 자리 잡은 후에 화용론 연구가 계속 심도 있게 이루어졌다. 이에 따라 한국 국어학계도 서양 화용론의 이론과 성과를 받아들이고 이를 참고하여 의문문 연구를 화용론의 시각으로 시도한 연구이다.[3]

---

2) 서정목(1990)의 1890년대에서 1980년대까지의 의문문 연구를 시대별로 세 단계로 정리한 결과를 바탕으로 1990년대 이후의 인지언어학 시각으로 의문문 연구 성과를 추가했다.

3) 화용론은 언어와 언어 사용자간의 관계를 연구하는 학문인데 구체적으로 말하면 주어진 의사소통 상황에서 어떻게 언어를 이해하고 사용하는지를 연구하는 학문이다. 화용론(Pragmatics)이란 용어는 최초 미국의 철학가 C.Morris가 1938년 'Foundations of the Theory of Signs'에서 처음 소개하고 1962년 영국 철학가 Austin은 화행이론을 제시하였으며 이어서 미국의 철학자 Grice은 "협력 원칙"이론을 기술하여 화용론이 독립된 학문으로 자리 잡게 되었다. 1983년 미국 학자 S.Levinson는 논저 'Pragmatics'에서 화용론 연구의 5가지 범주를 설정하였는데 주로 화행(speech acts), 전제(presupposition), 대화 함축적 의미(conversational implicature), 지시어(deixes), 회화 구조(converstional structure)가 포함된다. 의문문의 기능을 살펴볼 때 '화행이론', '전제', '대화 함축적 의미', '협력 원칙' 등 화용론 이론과 결합해서 전개하는 연구가 상당히 많다.

• 네 번째 단계: 1990년대부터 인지언어학의 발전에 따라 의문문에 대한
   연구도 인지언어학의 관점에서 많이 다루고 있다.[4]

국어학에서 의문문에 관한 연구는 다각도, 다차원적인 특징을 보인
다. 국어학에서 의문문에 대한 연구는 19세기부터 시작했고 오래 시간
동안 지속적으로 행해져 왔다. 그만큼 의문문은 많은 연구자들이 관심
을 갖고 주목해 왔던 연구 대상이다. 의문문의 체계적인 구성을 기반으
로 의문문을 살펴보는 연구도 많았고 부정 의문문, 반복 의문문, 수사
의문문 등과 같은 특정 유형을 위주로 살펴보는 연구도 있었다. 또한
초점, 전제 등 화용론적 차원에서 의문문이 내포된 의미를 해석하는
연구도 있었으며 의문의 정도성과 같이 인지언어학을 기준으로 살펴본
연구도 있었다. 이에 그간 논의되어 온 의문문의 분야별 영역을 보기
쉽게 정리하면 〈그림 1〉과 같다.

현대 국어에 대한 연구는 고대국어에 대한 연구의 바탕에서 이루어
졌다. 국어학에서 의문문에 대한 초기 연구는 주로 중세국어에 초점을
맞춘 것이다. 중세 국어 의문법에 대한 연구는 주로 나진석(1958), 이승
욱(1963), 유창돈(1963), 안병희(1965), 허웅(1975) 등이 있으며 이승욱
(1973), 장경희(1977), 안병한(1984)은 주로 어미에 초점을 두고 중세국
어를 고찰하였다.

의문문에 대한 통시적 연구는 의문문 변천의 각 단계의 통시적 대비
를 통해서 변천의 궤적과 특징을 제시했다. 국어에서 의문문에 대한
통시적 연구는 주로 허웅(1961), 이기갑(1978), 이현규(1978), 이현희

---

4) 의문문을 인지언어학 차원에서 연구를 전개한 대표적인 연구는 정주리(1989), 박영순
(1990, 1995), 서순희(1992) 등이 있다. 이들은 인지문법의 관점에서 정도성의 개념을
받아들여 의문문을 계층적으로 파악할 필요성을 논의하였다.

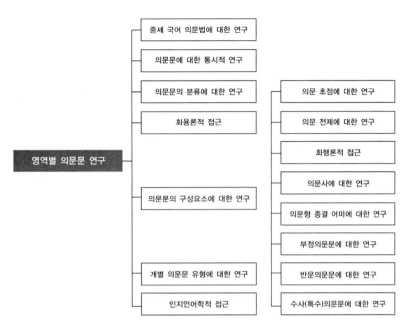

〈그림 1〉 의문문의 분야별 연구 성과

(1982), 김정수(1984), 고은숙(2008), 정주연(2011) 등이 있다. 이들 연구들은 시기별로 의문형 종결어미의 변화 양상을 밝히고 체계에서 벗어나는 의문형 종결어미와 새로 나타난 의문형 종결어미의 변천 과정을 보여줬다.

　본고는 의문문을 기능 중심으로 체계를 세우고 의문문의 다양한 기능을 교육하는 데 목적이 있다. 따라서 의문문 분류에 대한 연구는 다른 영역의 연구보다 본고와 밀접한 관계를 가진다. 이에 의문문의 분류에 관한 선행 연구를 자세히 살펴보겠다. 의문문의 분류는 체계적인 의문문 연구의 중요한 내용으로써 국어학계에서 활발하게 이루어졌다. 의문문의 분류를 언급한 대표적인 연구는 안병희(1965), 장석진(1975),

김영희(1975), 이현희(1975), 이성구(1983), 박영순(1990, 1991, 2007), 서순희(1992), 남기심·고영근(1985), 이창덕(1992), 서정수(1994, 1996), 이익섭·채완(1999), 류현미(1999) 등이 있다.

안병희(1965)는 질문과 응답의 관계로 의문문을 판정 의문문, 설명 의문문, 수사 의문문으로 나누었으며, 장석진(1975)은 처음으로 화행론적 시각으로 의문 화행을 직접 화행과 간접 화행으로 분류했다. 의문문의 직접 화행은 정보 요청을 수행하고 대표적인 간접 화행 의문문은 행동 요청 의문문, 수사 의문문, 부가 의문문이 있다고 제시했다.

김영희(1975)는 의문문을 보통 의문문과 특수 의문문으로 이분한 다음에 보통 의문문은 다시 직접 의문문과 간접 의문문으로 나누고, 특수 의문문은 다시 수사적 의문문과 서술적 의문문, 명령적 의문문, 꼬리 의문문, 흉내 의문문으로 나누었다. 그리고 직접 의문문은 가림꼴 의문문, 안가림꼴 의문문, 부정사 의문문으로 나누어 연구했다.

이현희(1982)는 국어 의문법에 대한 통시적인 연구에서 질문에 대한 응답 관계로 의문문을 보통 의문문과 특수 의문문으로 나누었다. 보통 의문문은 다시 직접 의문, 간접 의문, 설명 의문, 판정 의문으로 나누고 특수 의문문은 다시 확인 의문, 수사 의문, 반문으로 나누었으며 이성구(1983)에서는 화자가 지닌 미지 정보의 양에 따라 보통 의문문을 설명 의문, 선정 의문, 판정 의문, 추측 의문, 확인 의문으로 분류했다. 그리고 반문, 부가 의문, 수사 의문과 같은 의문의 종류는 분류가 불필요하다고 주장했다.

박영순(1990, 1991, 2002, 2007)에서는 인지문법의 차원에서 의문문의 정도성을 살펴보고 의문문을 질문 의문문, 요청 의문문, 수사 의문문으로 분류한 후 다시 세분하였다. 질문 의문문은 다시 가부 의문문, 선택 의문문, 의문사 의문문을 나누고 요청 의문문은 명령형 의문문, 부탁형 의문문을 분류하였고, 수사 의문문은 확인형, 의심형, 추측형, 반복형, 감탄형, 주저형, 한탄형, 강조형으로 세분하였다.

서순희(1992)에서는 안병희(1965), 장석진(1975), 김영희(1975), 이현희(1982), 이성구(1983), 박영순(1990) 등의 의문문 분류를 재정리했다. 서순희는 종전에 동등한 차원에서 2분법이나 3분법으로 분류한 의문문을 단어 차원, 문장 차원, 담화 차원으로 분류하여 의문문의 의미·기능 유형을 차원별로 다루었다. 의문문의 의미를 계층적인 체계를 이루고 있다고 보고 의문문의 의미 기능을 기본적 의미, 파생적 의미, 상황적 의미로 세분화하였다. 그리고 인지문법의 차원에서 의문문의 의미유형을 의문성의 정도로 수량화하여 살펴보았다.

남기심·고영근(1985)에서는 의문문을 질문과 응답의 관계로 보고 크게 판정 의문문, 설명 의문문, 수사 의문문으로 분류하였으며 이창덕(1992a, 1992b)에서는 의문문의 본질을 '모름'의 표현으로 보고, 의문문을 실제로 응답 요구의 힘을 갖는 '순수 질문'과 실제 응답 요구의 힘을 갖지 못하는 '진술, 명령, 청유' 등의 기능을 수행하는 '담화 책략 질문'으로 나누었다. 또한 지금까지 의문문을 규정할 때 형식적 조건과 기능적 조건 두 가지 기준을 적용해 왔지만 기능적 조건과 형식적 조건에 일치하지 않는 경우를 합리적으로 설명해 줄 수가 없어 문제가 된다고 지적했다.[5]

서정수(1985, 1996), 이익섭·채완(1999)은 모두 국어 서법 체계에 대

---

5) 이창덕(1992:9)은 의문문을 아래의 두 가지 기준을 적용해서 논의해 왔다.
　ㄱ. 기능적 조건: 화자가 청자에게 질문함으로써 대답을 요구함.
　ㄴ. 형식적 조건: 서술어의 종결어미가 의문형으로 끝남.

한 전반적인 논의에서 의문문의 분류를 논의했다. 질문의 성격에 따라 의문문을 크게 일반 의문문, 확인 의문문, 특수 의문문으로 삼분하고 확인 의문문을 독립된 분류로 보았다. 그러나 서정수(1985, 1996)에서는 일반 의문문을 다시 찬부 질문, 선택 질문, 내용 질문으로, 특수 의문문을 다시 되받음 질문, 수사적 질문, 서술적 질문, 명령적 질문 4가지로 나누지만 이익섭·채완(1999)에서는 일반 의문문을 다시 가부(찬부) 의문문, 선택 의문문, 설명 의문문으로, 특수 의문문을 다시 수사적 의문문, 메아리 의문문, 요청 의문문으로 나누어 그 차이를 보이고 있다. 더불어 국어 서법 체계에 대한 전반적인 논의에서 의문문의 분류를 논의했다. 질문의 성격에 따라 의문문을 크게 일반 의문문, 확인 의문문, 특수 의문문으로 분류했다. 그중에서 확인 의문문은 독립된 분류로 보았다.

류현미(1999)에서는 의문문의 의미 양상을 화용론적 관점에서 보고, 의문문의 다양한 의미를 논의하고 있다. 화자가 가지고 있는 의문의 불확실성에 의해 의문문을 우선 일반 의문문과 특수 의문문으로 구별하고 있다. 일반 의문문은 화자가 구체적인 정보를 가지고 있지 못함을 나타내는 의문문이며, 특수 의문문은 상대방의 인식에 대해 청자가 불확실함을 가지는 경우라고 했다. 이들은 다시 의문문의 화맥에 따라 분류되어 일반 의문문은 설명 의문문, 판정 의문문, 선정 의문문으로 분류되며, 특수 의문문은 확인 의문문, 수사 의문문, 명령 의문문, 반복 의문문으로 분류된다고 제시하였다.

다음으로 화용론적 접근에서의 의문문에 대한 연구를 살펴보겠다. 화용론적 접근에서 의문문에 대한 연구는 주로 박종갑(1982, 1984, 1986, 1987), 성시형(1983), 정철호(1983), 장석진(1975, 1984, 1987), 정진원

(1987), 정주리(1989), 이창덕(1992), 이은경(1992), 김정선(1996), 조영
심(1998), 류현미(1999) 등이 있다. 의문문에 대한 화용론적 접근은 화
행, 맥락, 초점, 전제를 둘러싸고 전개한 경우가 많다.

장석진(1975)에서는 화행론에 의하여 의문문이 수행하는 화행을 직
접 화행과 간접 화행으로 분류하고, 그 후에 일련의 연구를 통해서 의
문문을 화행론적 시각에서 분석했다. 박종갑(1987)에서는 의문문의 의
미 기능에 초점을 두고 의문문의 의미·기능을 화행론에 의해 직접 화행
과 간접 화행으로 나눠서 살펴보았다. 직접 화행을 수행하는 의문문은
주로 의문형 어미와 의문사 유무를 기준으로 개별 유형의 의문문을 대
상으로 살펴보고 간접 화행을 수행하는 의문문은 의문문의 수사적 표
현력(화자의 발화 의도), 의문문의 비표현적 효력(의문문이 수행하는
간접 서술 화행 및 간접 명령 화행), 그리고 개별적인 유형의 의문문을
대상으로 한 기능과 형식의 대응 관계의 세 부분을 나눠서 고찰했다.
이 연구는 의문문을 다각도로 논술했지만 체계적인 논술이 부족한 듯
싶다. 서정목(1979)은 판정 의문문과 설명 의문문의 전제에 초점을 맞
춰서 논의를 하였고, 장경기(1986)는 부정 의문문의 전제에 대해 연구
했다. 성시형(1992)은 의문 초점을 도입해서 의문문의 의미·기능을 살
펴보았고, 정주리(1989), 이은경(1993), 김정선(1996)은 맥락에 따라 의
문문의 기능을 논의했다.

의문문의 구성요소에 대한 연구는 의문사에 대한 연구와 의문형 종
결 어미에 대한 연구로 나뉘고 있다. 의문사에 대한 연구는 주로 김광
해(1983), 서정수(1985), 고성환(1987), 임홍빈(1988), 김충효(1992) 등
이 있다. 이 중에는 의문문의 분류와 의미·기능에 대한 연구도 있고
개별 의문사에 대한 규명도 있다. 의문형 종결어미에 대한 연구로는

고영근(1976), 서정목(1979), 황병순(1980), 조향숙(2006) 등이 있다. 서정목(1979), 황병순(1980)은 화용적인 관점에서 어미와 의문사의 호응관계를 논의했다.

개별 의문문 유형에 대한 연구는 다양하게 이루어졌는데 학자들의 시선이 집중된 유형은 세 가지 정도로 요약할 수 있다. 먼저 부정 의문문에 대한 연구, 다음으로 반어 의문문에 대한 연구, 마지막으로 수사(특수) 의문문에 대한 연구이다. 부정 의문문에 대한 연구는 장경희(1982), 장경기(1986, 1989, 1993, 2001), 김미숙(1997), 구종남(2001), 김선겸·권순희(2005), 김애화(2009) 등이 있다. 반어 의문문에 대한 연구는 주로 최현배(1937), 김윤경(1948), 허용(1995), 남기심·고영근(1985), 고영근(1989), 서정수(1994), 백설자(2005), 한길(2005a, 2005b) 등이 있다. 한길(2005a, 2005b)에서는 최현배(1937, 1971), 김윤경(1948), 허웅(1975, 1995), 남기심·고영근(1985), 김승곤(1986), 고영근(1989), 서정수(1994), 이익섭·채완(1999), 임홍빈(1998) 등의 반어법 및 수사 의문문에 대한 논의를 정리했다. 그리고 한국어 반어법을 음운적, 굴곡적, 어휘적, 통사적 층위에서의 실현양상으로 체계적으로 분류하고 반어법의 특성과 의미 기능을 연구하였다. 국어학에서 의문문의 형식을 갖추고 있으나 내포된 의미는 의문이 아닌 의문문은 수사 의문문이나 특수 의문문이라고 했다. 수사 의문문에 관한 연구는 주로 이익환(1980), 김광해(1983), 정신원(1986), 서정목(1987), 고성환(1987), 임홍빈(1988), 김선호(1997), 김선희(2003), 김영희(2005), 김경호(2010) 등이 있는데 이 세 가지 의문문 유형은 겹치는 분야가 있어 같이 연구되는 경우도 많았다.

마지막으로 인지언어학적 접근에서 의문문을 논의한 연구로 박영순(1990, 1991)을 들 수 있는데 인지문법의 차원에서 의문문의 정도성을 논의했다.

2.2. 한·중 의문문 대조 연구

한·중 의문문에 대한 대조 연구는 2000년 이전에는 미진하였다가 최근 10여 년간 활발하게 진행되고 있다. 이중 의문사에 관한 연구 성과가 가장 많았으며, 그 다음에 의문형 종결어미에 관한 연구와 개별적인 의문문 유형에 관한 연구가 간혹 보인다.

대부분 연구는 형태 차원의 대조에만 그치고 깊이 있는 기술을 하지 못해 아쉬움이 남는다. 언어 유형적 차이에 기인한 이들 연구는 언어 간 섬세한 대조가 쉽지 않다는 것을 보여 줬다. 한국에서 한·중 의문문에 대한 대조 연구는 주로 전송애(2008), 유환(2012), 곽효동(2010), 왕예(2010), 왕위령(2010), 장방(2011), 왕페이(2011), xingxiaofang(2013) 등이 있고, 중국에서 한·중 의문문에 대한 대조 연구는 주로 李吉子 (2002), 河晰兰(2005), 张尹琼(2005), 孫麗麗(2007), 金香花(2007), 婁珺 (2007, 2012), 李花子(2010), 喬宇博(2010), 候文玉(2012), 呂禮强(2012) 등이 있다.

의문문에 관한 연구 중에서 가장 많이 언급된 의문사에 관한 연구는 주로 李吉子(2002), 河晰兰(2005), 郭宁(2006), 전송애(2008), 곽효동(2010), 张尹琼(2005), 李花子(2010), 유환(2012), 候文玉(2012) 등이 있다. 候文玉 (2012)은 먼저 한국어와 중국어 의문사를 조어법, 문장론, 의미론적 차원에서 살펴본 다음에 한국어 의문사와 중국어 의문사의 대응관계를 시도했다. 곽효동(2010)은 한·중 의문사를 품사별로 대조·분석했다. 李吉子(2002), 河晰兰(2005), 张尹琼(2005), 전송애(2008), 陳希(2009) 등은 개별적인 의문사를 대상으로 대조·분석했는데 李吉子(2002), 河晰쁜(2005)는 한국어의 '무엇'과 중국어의 '什么'를 대조 분석하고 张尹琼(2005)은 한국어 의문사 '누구', '무엇'과 중국어 의문 대사 '谁', '什么'를, 전송애(2008)는 한국어 의문사 '누구'와 중국어 의문 대사 '谁'를 대조·분석했다. 陳希(2009)는 담화표지로서의 한국어 의문사 '뭐'와 중국어 의문 대사 '什么'를 대조·분석했다. 유환(2012)은 한·중 의문문의 반문 용법을, 李花子(2010)는 한중 의문문의 부정 표현을 대조·분석했다.

의문형 종결어미에 관한 연구는 주로 서소나(2013), 장혜청(2013) 등이 있다. 개별 의문문에 대한 연구는 孫麗麗(2007), 李花子(2010) 등이 있는데 孫麗麗(2007)는 한국어의 판정 의문문과 중국어의 사비 의문문의 형식과 의미를 대조·분석하고 李花子(2010)는 한·중 의문문의 부정적인 표현에 대해 대조·분석했다. 이외에 왕예(2010)는 한·중 의문문의 유형과 의미를 대조한 다음에 화행론적 차원에서 한국어 의문문의 제보적 기능과 지령적 기능을 살펴보고 곽효동(2010)은 한·중 의문사과 개별적인 의문문 유형을 대조·분석했다.

의문문에 관한 객관적인 연구는 주로 왕페이(2011), xingxiaofang(2012), 呂禮强(2012) 등이 있다. 왕페이(2011)는 한·중 의문문의 정의, 유형, 형식적 특성과 의미적 특성을 대조·분석했다. 呂禮强(2012)은 한·중 의문문을 생성수단, 통사적 특징, 의문사의 화용론적 기능 등 세 분야에서 대조·분석했다. xingxiaofang(2012)은 한·중 의문문의 구성요소와 유형을 개관적으로 대조·분석했다. 구성요소에 관한 대조 연구는 주로 한국어 의문형 어미와 중국어 어기조사를 위주로 진행됐다. 유형에 관한 대조는 의문문을 전형적인 의문문과 특수 의문문으로 나눠서 고찰하였으며 전형적인 의문문의 하위 분류인 판정 의문문, 설명 의문문,

선택 의문문과 특수 의문문의 하위 분류인 수사 의문문, 요청 의문문, 반문 의문문으로 대조·분석했다.

2.3. 한국어 교육에서 의문문에 관한 연구

한국어 교육 분야에서 의문문에 관한 연구는 시작된 지 얼마 되지 않았으나 국어학 연구 성과와 긴밀한 관계를 맺으면서 상당한 성과를 거두고 있다. 한국어 교육에서 의문문 연구는 주로 실용적인 측면에서 연구되었으며, 주된 연구로 김상희(1997), 한지현(2007), 안윤미(2007), 조세영(2008), 이준호(2008), 허연경(2009), 오은아(2012), 이춘염(2013), 진강려(2011, 2013, 2014) 등을 들 수 있다.

한국어 교육에서 의문문에 관한 연구는 수사 의문문, 부정 의문문, 반어 의문문 등 의문문의 화행에 집중되어 있다. 수사 의문문에 관한 연구는 주로 한지현(2007), 서희정(2011), 오은아(2012), 이승연(2012) 등을 들 수 있다. 한지현(2007)은 한국어 교재에 관한 분석을 바탕으로 수사 의문문의 담화맥락을 연구했다. 수사 의문문의 특징을 '부정사(의문사)와의 통합관계', '부사와의 통합관계', '부정 표현 실현', '초분절적 특성', '관용 표현의 특성'이라는 5가지 측면에서 살펴보고 수사 의문문의 다양한 담화 기능에서 '강조 기능'과 '진술 기능'을 중점적으로 다루었다. 서희정(2011)은 드라마 대본에 나타난 '무슨'의 수사 의문문을 대상으로 수사 의문문의 의미 기능, 유형, 제시 형태, 담화 기능, 예문 등 교육 내용을 제시하였다. 오은아(2012)는 한길(2005)과 이종철(2004)의 연구 성과를 바탕으로 드라마를 활용한 수사 의문문 교육 방안을 고찰했다. 이승연(2012)은 고급 단계의 한국어 학습자들에게 필자의 주장이나 의도를 명확히 드러내려면 수사 의문문을 교육할 필요가 있다고 주장하고 이런 목적으로 수사 의문문의 형태와 의미 교육 내용을 정리하여 제시했다.

부정 의문문에 관한 연구는 주로 안윤미(2001), 김성화(2010), 진강려(2011), 이춘염(2013) 등이 있다. 안윤미(2007)에서는 한국어 학습자를 위한 부정 의문문 교육 방안을 설계할 목적으로 화행이론을 가지고 한국어 부정 의문문의 의미와 기능을 분석한 다음, 모국어 화자와 외국인 학습자들의 부정 의문문의 질문과 응답 방식을 고찰하였다. 김성환(2010)은 설문지, 면담, 교재 분석 등의 조사를 통해서 중국인 학습자들이 '예'와 '아니오'로 부정 의문문을 대답하는데 오류를 범하고 있다는 사실을 밝혀내고, 오류가 생기는 원인을 규명하려 하였다.

진강려(2011)는 설문 조사를 통해 부정 의문문의 확인 기능, 명령 기능, 진술 기능 등 다양한 사용 양상을 살펴보고 분석했다. 이춘염(2013)은 중국인 중·고급 한국어 학습자를 대상으로 한국어 부정 의문문의 교육을 고찰했다. 부정 의문문의 의미 기능을 청자에 대한 행위 요구 유무에 따라 행위 유도 기능과 화자 전제 진술 기능으로 나누었다. 그중 행위 유도 기능은 다시 명령 기능, 요청 기능과 제안 기능으로, 전제 진술 기능은 불만 제기 기능, 동조 유도 기능, 추측 기능, 확인 기능과 환기 기능으로 세분화하였다.

화행이론으로 의문문을 살펴본 연구는 이준호(2008), 진강려(2013, 2014) 등이 있다. 이준호(2008)는 완화장치로서의 의문문을 적극적으로 교육할 필요성이 있다고 주장하고, 한국어 교재를 분석하여 실제 한국어 교재에서 의문문이 통사적 완화장치로 사용되는 예가 많지 않음을 밝혀냈으며 이러한 단점을 극복하기 위하여 탐구 학습을 활용하는 접근법을 제안하였다.

진강려(2013)는 공손성 원리, 간접성 원리 및 적합성 이론으로 의문문의 간접 화행 생성 원리를 제시했다. 의문문의 간접 화행을 요청·명령 기능 및 진술 기능으로 나눠서 논의의 기본 틀로 삼고 중국인 학습자들의 의문문 간접 화행의 이해 및 사용 양상을 살펴본 다음에 의문문 간접 화행의 교육 방안을 모색했다. 그리고 의문문 간접 화행을 실현하는 데 필요한 문법 항목 교육 내용은 '-ㄹ까', '-ㄹ래'의 종결 어미, '-겠'의 선어말어미 또는 '-다고'와 같은 복합형 어미로 구성된 종결 표현, '-ㄹ 수 있다'와 같은 복합 구성, 또한 부정 의문문, 수사 의문문과 같은 문장형이 포함된다고 제시했다. 진강려(2014)는 의문문의 지시 화행의 기능을 살펴본 다음 모국어화자와 중국인 한국어 학습자의 의문문 지시 화행의 사용 양상을 대조·분석했다.

의문문은 반어법이 이루어지는 중요한 수단으로 반어법에 관한 논의가 많이 언급되었다. 의문문 상관 반어법 연구로는 조세영(2008), 이지혜(2010)를 들 수 있다. 조세영(2008)은 의문문이 반어법을 이루는 중요한 수단으로 보고 한길(2005)의 연구 성과를 바탕으로 반어법 목록을 선정했으며 이지혜(2010)는 일본인 한국어 학습의 한국어 반어적 의미에 대한 연구로서 의문문의 반어적 용법을 언급했으며, 설문조사와 사후 인터뷰를 통해서 학습자들의 반어적 의미에 대한 이해 양상을 제시하고 논의했다.

이외에 김주연(2006), 황현숙(2006), 박해연(2007), 이진선(2009), 이효신(2013), 민혜경(2013) 등은 한국어 의문문의 억양에 대해 논의하고 김상희(1997)는 판정 의문문의 응답 방식을 연구했다. 허연경(2009)은 의향을 나타내는 의문형 종결어미 '-(으)ㄹ까'와 '-(으)ㄹ래'를 대상으로 이동석, 김보은(2014)은 '-냐'계의 의문형 종결어미를 대상으로 의문형 종결어미에 초점을 두어 연구했다. 이현의(2005)는 일본인 한국어 고급 학습자를 대상으로 한국어 의문문의 초점 발화와 지각 양상을 연구하였고, 정해권(2010)은 중간언어 이론을 토대로 한국어 의문문 습득의 중간언어를 연구했다. 최연(2010)은 한·중 대조를 중심으로 한국어 교육 현장에서의 의문문 형태와 교육 현황을 제시했다.

이상에서 살펴보았듯이, 한국어 교육에서 의문문에 대한 선행 연구는 국어학적 연구 성과를 토대로 이루어졌으나 주로 의문문의 일부분에 초점을 두고 논의했다. 한국어 교육에서 의문문에 대한 전반적인 논의가 부족하고 의문문의 체계적인 교육을 탐구하는 연구도 미진한 상태이다. 최근 진강려(2013)가 간접 화행 이론을 활용해서 의문문의 요청·명령 기능 및 진술 기능을 제시하고, 의문문 간접 화행을 실현하는 데 필요한 문법 항목 교육 내용을 제시한 것은 한국어 교육에서 의미가 있다. 하지만 본 연구는 요청·명령 기능 및 진술 기능에만 초점을 두어 의문문의 다양한 의사소통 기능을 전반적으로 다루지 못하고 체계적이지 못한 한계점이 있다. 따라서 본고에서는 선행 연구를 바탕으로 외국인 학습자들이 수용하기 쉽게 의사소통 기능을 중심으로 의문문을 분류하고 체계적인 교육 내용을 정리한 후, 이에 대한 효율적인 교육 방안을 모색하고자 한다.

3. 연구 내용 및 방법

언어 능력의 향상을 위해서는 문장 능력의 향상을 함양하는 문장 교육이 매우 중요하다. 의문문은 한국어 교육에서 빠질 수 없는 문법 범주로 한국어 교육에서 중요하게 다루어지고 있다. 의문문은 주어진 상황에서 질문 기능 이외에 의향 기능, 추측 기능, 확인 기능, 제보 기능, 지시 기능, 정표 기능, 인사 기능 등 다양한 기능을 수행하며, 이 같은 다양한 기능은 여러 가지 문법적 요소에 의하여 실현된다. 본고에서는 이러한 의문문의 사용면에 초점을 맞춰서 의문문의 2차적인 교육을 실시하는데 목적이 있다. 연구 내용 및 방법은 아래와 같다.

Ⅱ장에서는 구체적인 기술을 위해 먼저 언어의 의사소통 기능 및 실현 요소를 고찰하고 이를 한국어 교육에서의 의문문 기능 실현 요소를 규명할 것이다. 다음으로 대조언어학을 살펴본 후 대조·분석의 방법으로 한·중 의문문의 다양한 기능을 실현하는 요소를 대조·분석하여 중국인 학습자가 한국어 의문문을 파악하는 데 근거를 마련할 것이다. 또한, 의문문의 분류 기준을 마련하기 위해 인지언어학의 원형 범주 이론을 살펴볼 것이다.

Ⅲ장은 의문문 교육을 위한 자료 분석이다. 먼저 설문조사의 방법으로 중국인 학습자와 한국인 모국어 화자의 한국어 의문문 사용 양상을 대조·분석할 것이다. 그 다음에 현재 중국 내 대학교에서 사용되고 있는 한국어 '정독(精讀)[6]' 교재에서 의문문이 어느 정도 교육되고 있는지를 분석하여 의문문 교육의 미진한 점을 밝힐 것이다. 나아가 중국 내 한국어 전공 과목인 문법 수업의 현황에 대한 검토를 통해 문법 수업에

---

6) 중국의 외국어 교육학계에서는 강독(講讀) 수업에서 사용하는 교재를 정독(精讀) 교재라고 한다. 정독 수업은 한국어 전공의 주된 전공 필수 과목으로 듣기, 읽기, 말하기, 쓰기 네 영역을 두루 가르치는 과목인데 문법 교육은 강독 수업의 중요한 내용으로 정독 수업에서 다루어지고 있다. 정독 교재는 주로 중국 현지에서 출판된 정독 교재와 한국에서 출판된 통합 한국어 교재를 사용한다.

서 체계적인 의문문 교육의 적합성을 제시할 것이다.

IV장에서는 인지언어학적 시각으로 의문문에 대한 분류 체계를 논의하고 서로 다르게 보이는 선행 분류 체계에서 공통된 인지 모형이 내재돼 있다는 것을 밝힌 다음에 한국어 교육의 관점에서 의문문 분류의 기초 이론과 선행 연구를 기반으로 한 분류 체계를 제시하여 논의의 기본 틀로 삼을 것이다. 그리고 제시된 의문문 체계를 바탕으로 하여 의문문 교육에 필요한 교수·학습 내용을 구안하기 위해 의문문의 다양한 기능을 실현해 주는 문법적 요소를 고찰할 것이다. 여러 선행 연구에서 한국어 의문문의 형태적 특징은 보통 의문형 종결어미와 의문사를 제시하지만 본 연구에서는 의문문의 상당수의 기능, 특히 비의문 기능을 수행할 때 사용하는 부정 표현, 선어말어미, 부사, 통사구조 등의 문법적 요소도 큰 역할을 한다는 것을 밝힐 것이다. 의문문의 다양한 의사소통 기능에 대해 의문형 종결어미와 의문사만 논의되었던 한계를 감안하여 본고는 '부사', '부정 표현', '선어말어미 -겠-', '구문 표현' 등 문법적 요소를 살펴보아야 한다고 보고 의문문의 교육 내용을 보완할 것이다.

V장에서는 IV장의 연구 성과를 토대로 하여 구체적으로 인지 전략을 활용한 의문문 교수·학습 모형을 구안하고자 한다. 그리고 VI장에서는 본고의 내용을 요약하고 연구의 의미 및 한계점을 제시함으로써 마무리 짓고자 한다.

의문문 교육 연구를 위한 이론적 고찰

본 장에서는 의문문 교육을 위한 기반을 마련하고자 한다. 이를 위해서는 첫째, 의문문의 의사소통 기능이 무엇인지를 살펴볼 것이고, 둘째, 연구 대상이 중국인 학습자이며 의문문이 범언어적인 문법 현상인 만큼 한·중 양 언어로 대조할 것이며, 셋째, 의문문의 분류를 설명하기 위해 인지언어학의 원형 이론에 근거하여 고찰할 것이다.

1. 의문문 교육에서의 의사소통 기능

외국어 교육의 근본적인 목표는 주어진 상황에 맞게 적절한 발화의 능력을 함양시키는 것인데, 이러한 능력을 의사소통 능력이라고 한다.

사회 언어학자 하임즈(Dell Hymes)는 촘스키(Chomsky)가 주장한 언어
능력이 너무나 제한적인 개념[1]이어서 이를 보완하는 차원에서 의사소
통 능력(communicative competence: CC)이란 용어를 처음 만들었다.
하임즈(Hymes)는 인간이 특정 상황에서 메시지를 전달하고 해석하며
인간 상호간에 의미를 타협하게 해 주는 능력을 의사소통능력이라고
하였다.

　이 용어는 언어 기능을 더 정교화 시키는 것으로 언어 기능은 순수한
언어의 기능만 가리키는 것이 아니라 의사소통 기능도 포함되는 것이
다. 즉 인간의 언어는 언어능력과 의사소통 능력 두 가지로 구분된다.
언어능력은 정확한 발음, 억양, 단어로 문장을 만드는 능력이고, 의사소
통능력은 의사소통의 목적, 화맥, 신분, 대상 등의 적절한 발화를 통해
이루어지는 능력이다. 언어능력과 의사소통 능력은 서로 상호 보완적
으로 언어 기능을 수행하게 된다. 외국어 교육에서는 의사소통 능력과
언어능력을 병행해야 한다.

1.1. 의사소통 기능의 개념 및 실현 요소

　의사소통 기능(communicative functional)은 언어학에서 다른 말로
기능(functional)이라고도 한다. 언어학에서 보통 의사소통 기능이란 화
자가 언어를 통하여 청자에게 전달하려고 하는 자신의 의도, 또는 목적
에 따른 언어 행위를 말한다. Brown(2010:236)에서 의사소통 기능이란

---

1) 하임즈(Hymes)에 따르면, 촘스키(Chomsky)가 주장한 '규칙 제어 창의성(rule-governed
　creativity)'은 유아가 3~4세일 때 급격하게 발달하는 문법 현상을 설명하기에는 적절할
　지 몰라도 언어의 사회·기능적 규칙을 설명하기에는 불충분하다(Brown 2010:233 재
　인용).

언어를 사용해 달성하려는 목적을 의미하는데, 예를 들면 진술하기, 요청하기, 응답하기, 인사하기 등이 이에 해당한다. 기능문법의 관점에서 볼 때, 언어란 인간의 의사소통 체계이므로 의사소통에서 언어의 역할은 다양한 언어 기능을 수행하는 것이다. 앞에서 언급했듯이 의사소통 기능은 언어를 사용해 달성하려는 목적을 의미하는데 달성하려는 목적의 다양성 때문에 학자들의 의사소통 기능에 대한 분류도 다양하게 나타난다. 본고에서는 의사소통 기능을 화자의 발화의도, 즉 언어를 사용해서 달성하려는 목적으로 정의하고 의문문의 의사소통 기능을 연구하겠다.

발화의 목적이나 의도, 즉 의사소통 기능이 실현되려면 여러 가지 요소로부터 영향을 받는다. 기능 실현에 영향을 끼치는 요소는 크게 언어 내적 요소와 언어 외적 요소로 나눌 수 있다. 언어 내적 요소는 언어 체계 자체와 관련된 요소이고, 언어 외적 요소는 언어 체계와 무관한 요소이다. 언어 내적 요소는 주로 음운적 요소, 형태적 요소, 통사적 요소가 포함된다. 인간은 언어를 사용해서 의도를 이루는 경우가 많기 때문에 사람들은 흔히 언어의 기능 실현 요소를 언어내적 요소와 동일시한다. 현재의 외국어 교육 현장에서는 이와 같이 언어 내적 요소에 초점을 맞춰서 교육하는 경우가 대부분이다. 언어 외적 요소는 크게 주관적 요소와 객관적인 요소로 나눌 수 있다. 주관적인 요소는 사람의 견해나 관점을 기초로 하여 형성된 것을 나타내는 것으로 주로 발화자의 태도와 감정, 그리고 청자의 이해 등 두 부분으로 나누며, 이에 따라 발화 의미가 크게 달라질 수 있다. 객관적인 요소는 문화적 배경, 시대적 배경, 사회적 배경 같은 추상적인 요소와 구체적인 문장 맥락을 나타내는 문맥 요소가 포함된다. 같은 발화라도 문화적 배경, 시대적 배경, 사회

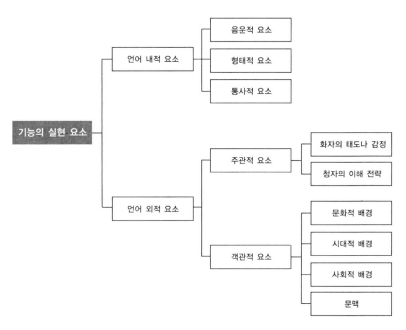

〈그림 2〉 언어 기능의 실현 요소

적 배경에 따라 의미가 달라진다. 외국인 학습자들은 이 같은 언어내적 요소와 언어 외적 요소를 정확하게 파악하고 적절하게 활용해야만 자기의 의도를 표출해서 의사소통의 목적을 실현할 수 있다. 언어의 의사소통 기능을 실현하는 요소를 〈그림 2〉와 같이 정리할 수 있다.

1.2. 의문문의 의사소통 기능 및 기능 실현 요소

의문문은 말 그대로 의문 기능을 수행하는 문장 유형이다. 그러나 사실은 한국어 의문문은 의문 기능 이외에 다양한 비의문 기능도 수행하고 있으며, 한국인의 언어생활에서 광범위하게 사용되고 있다.

> 라헬 네가 이럴까봐 내가 미국에서 충분히 경고한 것 같은데 왜 말귀를 못 알아 처먹어?(1)
>
> 은상 용건 끝났어?(2) 그럼 내 용건 좀 하자. 움직이지 마.
>   (유헬이 교복에 달고 있는 명찰을 뺐다.)
>
> 라헬 (놀라서) 너 지금 뭐 한 거야?(3) 미쳤어?(4)
>
> 은상 비행기 안에서 기억 안 나?(5)
>   너는 내 이름, 주소, 전화번호 다 가져갔지만 난 네 이름만 가져갈
>   게. 찾고 싶으면 연락해. 내 전화번호 알 거 아니야?(6)
>
> 라헬 야! 거기 안 서?(7)

위의 대화는 SBS 드라마 〈상속자들〉에서 여주인공 은상과 라헬이라는 여학생 간의 대화문이다. 짧은 대화에서 의문문은 7번이나 나타나고 단순히 질문 기능에만 국한되지 않고 여러 가지 의사소통 기능을 수행하면서 화자의 다양한 의도를 드러낸다. 이 7개 의문문이 내포한 화자의 의도를 살펴보면 다음과 같다. (1)번 의문문은 상대방에게 이유를 따져 묻는 것처럼 들리지만 실은 화자의 분한 감정을 표출하고 상대방을 꾸짖는 발화이다. (2)번 의문문은 상대방에게 용건이 끝났느냐고 묻는 것처럼 들리지만 실은 상대방의 대답을 요구하는 것이 아니고 후행 발화를 위한 복선이다. (3)과 (4)번 의문문은 화자의 놀랍고 믿어지지 않는 감정을 강조하여 의문문으로 표출한 것이다. (5)번은 형식이 의문문이지만 상대방에게 질문하는 것이 아니고 앞의 (3)번 질문에 대한 대답으로 볼 수 있다. 즉, 상대방에게 비행기 안에 일어났던 일을 기억하냐고 묻는 것이 아니고 반대로 비행기 안에서 벌어진 일 때문에 청자

에게 지금의 행동을 하는 것으로, 그 원인을 밝히는 것이다. 이는 화자가 청자로부터 정보를 얻으려고 하는 것이 아니고 오히려 청자에게 정보를 제공하는 상황이다. (5)번과 비슷하게 (6)번 의문문도 청자로부터 정보를 얻으려고 하는 발화가 아니고 '내 전화번호가 있으니 찾고 싶으면 연락해라'는 화자의 주장을 나타낸다. (7)번 역시 의문문의 형식을 빌렸지만 거기 서라는 명령의 의미가 내포되어 있다.

의문문이란 화자가 모르거나 확인하지 못한 정보에 대하여 정보를 얻으려고 청자에게 제보를 요구하는 것이다. 화자의 발화 의도는 일반적으로 상대방에게서 정보를 얻으려고 하기 때문에 대화에서 질문과 대답이 항상 쌍으로 나타난다. 그러나 위의 대화에서는 의문문에 대한 대답은 한 번으로, 그것도 의문문 형태로 나타난다. 이러한 경우에 화자의 발화 의도는 청자에게서 정보를 얻으려고 하는 것이 아니라 자기의 감정을 표출한다든가, 주장을 강하게 세우든가, 상대방에게 지시하는 것이다. 위의 대화문에서 화자와 청자는 모두 화자의 발화 의도를 잘 파악하였으므로 의사소통에 지장이 없었다고 볼 수 있다.

그러나 대화문에서 제시한 의문문의 의사소통 기능은 빙산의 일각일 뿐 실생활에서 의문문의 의사소통 기능은 훨씬 더 다양하고 복잡하다. 의문문에 대해 상당한 문법 지식을 가지는 중·고급 학습자들은 문법적으로 완벽한 의문문을 만들 수 있지만 커뮤니케이션에서 적절하게 사용하지 못하거나 상대방의 질문 의도를 정확하게 파악하지 못하는 경우가 흔히 나타난다. 본고는 이것을 학습자들이 의문문이란 문장의 의사소통 기능에 대해 인식이 부족한 탓으로 본다.

(1) 빨리 일어나지 못해?

(2) 논문을 좀 봐 주시겠어요?

　예문(1), (2)는 모두 의문문이지만 화자의 발화 의도는 상대방에게서 정보를 얻으려고 하는 것이 아니라 예문(1)의 목적은 상대방에게 빨리 일어나라는 명령을 강조하여 표출하는 데 있고, 예문(2)의 목적은 상대방에게 논문을 좀 봐달라고 완곡하게 부탁하는 데 있다. 이 같은 명령이나 부탁 기능은 의문문을 이루는 어떤 한 요소만으로 실현되는 것이 아니고 여러 요소가 통합된 의문문이라는 통일체로 실현되는 것이다. 구체적으로 설명하면 예문(1)은 부사 '빨리', 부정 표현 '-지 못하다'와 의문형 종결어미 '-아/어/여-'의 통합으로 이루어지고, 예문(2)는 부사 '좀', 구문 표현 '-아/어 주다', 선어말어미 '-겠-', 의문형 종결어미 '-아/어/여요'의 통합으로 이루어진 것이다.

　앞에서 언어 기능을 실현하는 요소는 언어 내적 요소와 언어 외적 요소 등 다양한 요소로 실현된다는 것을 제시했다. 본 논문은 주로 언어 내적 요소에서 문법과 관련된 형태적 요소, 통사적 요소를 중심으로 의문문의 다양한 기능이 실현되는 문법적 요소를 살펴볼 것이다. 즉, 의문문의 다양한 기능이 대화에서 실현되기 위하여 어떠한 문법적 요소로 사용되는가를 연구하고자 한다. 국어학에서 의문문 기능에 대한 연구는 많지만 기능이 이루어지는 문법적 요소에 관한 연구는 주로 의문형 종결어미와 의문사만 기술하고 다른 요소를 언급한 연구는 별로 없었다. 그러나 사실은 의문문의 다양한 기능은 여러 문법적 요소들이 조화를 이룬 결과이다. 형태적 차원으로 보면 의문문의 다양한 기능을 실현하는데 의문형 종결 어미, 의문사 이외에 선어말어미 '-겠-', 부사 등 문법적 요소도 중요한 역할을 한다. 통사적 차원으로 보면 부정사로 이루어진 부정 표현과 여러 요소를 통합한 구문 표현도 중요한 역할을 한다. 형태적 차원과 통사적 차원에서 의문문의 다양한 기능을 실현하는 문법적 요소는 〈표 1〉에서 제시한 여섯 가지가 있다.

〈표 1〉 의문문의 기능 실현 문법적 요소

형태적 요소	변화사	의문형 종결 어미
		선어말어미 '-겠-'
	불변화사	의문사
		부사
통사적 요소		부정 표현
		구문 표현

국어학에서 의문형 어미는 경어법의 등급에 따라 체계를 세우는 작업이 많았다. 그러나 실제 의사소통에서는 의문문의 종결형태가 훨씬 복잡하고 다양하다. 국어학에서 '-아요/어요', '-지요' 같은 종결 형태는 종결어미 '-아/-어', '-지'와 높임을 나타내는 조사 '요'가 합쳐진 형태로 연구되어 왔다. 국어문법의 관점에서는 이런 형태들은 종결어미라고 할 수 없지만 한국어 수업 현장에서는 의문문에 대한 교수·학습의 능률을 고려하여 이들을 분리해서 분석하지 않고 '-ㅂ니까/습니까'와 같이 단일한 형태인 것처럼 가르치는 것이 보통이다. 따라서 본고에서는 이들도 의문형 종결어미의 범위 내에 포함하여 의문형 종결 어미라고 기술하겠다. 본 연구에서는 먼저 드라마 구어 대화 자료인 7,500개의 문장 중에서 1,365개의 의문문을 대상으로 조사·분석하여 사용 빈도가 높은 16개의 의문형 종결어미를 추출한 후 〈표 2〉와 같이 정리했다.

<표 2> 의문문 종결어미의 실현 빈도

서열	종결어미/ 종결표현	실현빈도
1	-아/어/여(요)	35%
2	-(이)야	13%
3	-지(요)/죠	10.6%
4	-냐	8.4%
5	-ㅂ니까/습니까	5.6%
6	-ㄹ까(요)	4.2%
7	ㄴ/는데(요)	4.2%
8	-세요	3.7%
9	-다고/라고/냐고/자고(요)	2.6%
10	-ㄴ가(요)	1.96
11	-ㄹ래(요)	1.86%
12	-니	1.58%
13	-나(요)	1.58%
14	(이)예요	1.2%
15	-다면서/라면서(요), -다며/라며	1.02%
16	-다니	0.74

조사의 객관성을 위하여 주제와 내용이 다른 각각의 드라마를 조사
했으며 구체적인 조사 정보는 <부록1>에 수록되었다.[2]

이와 동시에 중국 내 한국어 학과에서 사용 중인 정독 교재에서의
의문문 종결어미의 제시양상을 조사하여 <표 3>으로 정리했다.

---

[2] 진강려(2013)에서도 단편적 드라마를 대상으로 의문형 종결 표현에 대한 빈도 조사를
했는데 본고의 조사결과와 비교하면 종결 어미 '-이(야)'가 제외되었다.

〈표 3〉 교재에서 다루는 의문형 종결 표현

	연변대	북경대	산동대	서강대	경희대	연세대	서울대
이에요/예요	●	●	●	●	●	●	●
-아/어/여요	●	●	●	●		●	●
-(으)ㄹ래요	●	●	●	●		●	●
-(으)ㄹ까요	●	●	●	●	●	●	●
-지요	●	●	●	●	●	●	●
-ㅂ니까/습니까	●	●	●	●	●	●	●
-다면서요	●	●	●	●	●	●	●
-다니요	●				●	●	●
-(으)ㄴ/던가요?		●	●		●	●	●
-나요?		●	●		●	●	
-냐요?				●			
-니?				●		●	●
-이야?				●		●	
-다고요?				●	●		
-세요?						●	
-다지요?					●		
-데요							●

드라마 구어 대화 자료의 조사 결과와 통합교재에서 다룬 종결어미의 조사결과와 비교하여 사용 빈도가 높은 최종 10개 의문형 종결어미를 추출했다.

<표 4> 연구 대상의 의문형 종결어미

1	-아/어/여(요)	6	-다고/라고/냐고/자고(요)
2	-지(요)/죠	7	-ㄴ가(요)
3	-ㅂ니까/습니까	8	-ㄹ래(요)
4	-ㄹ까(요)	9	-다면서/라면서(요), -다며/라며
5	ㄴ/는데(요)	10	-다니

본고는 주로 위의 10개 의문형 종결어미를 위주로 논술을 전개하여 연구를 진행하겠다. 이 10개 종결어미는 학습자가 이미 통합교재에서 형태적, 통사적 차원에서 높임법과 결합하여 배웠으므로 본고에서는 주로 화용적 차원에서 의사소통 기능에 초점을 맞춰서 연구할 것이다. 즉, 상황에 맞게 어떻게 의문문 종결어미를 선택하는지, 그리고 이 종결어미와 어울리는 문법 요소가 무엇인지에 초점을 둘 것이다. 나머지 문법적 요소는 주로 영역별 관련 논문 및 각 교육 기관의 교재를 참고하고 보충·정리할 것이다.

2. 한·중 의문문 기능 실현 요소의 대조

2.1. 대조언어학과 외국어 학습

대비는 인간이 세계를 인식하고 연구하는 기본 방법의 하나로써 언어학에서도 중요한 연구 방법으로 많이 사용되고 있다. 외국어 교육현장에서 모국어와 목표어의 대조를 통하여 학습 효과를 향상시키는 접근법은 이미 외국어 교육 연구의 중요한 일환으로 인정을 받았다. 중국인 학습자를 위한 효율적인 의문문 교육을 위하여 본 절에서 한·중 의문문의 다양한 의사소통 기능을 실현하는 문법적 요소를 대조·분석하고자 한다.

2.1.1. 대조언어학과 인접 학문

비교·대조의 방식으로 언어를 분석하는 언어학 유형은 주로 대조언어학, 비교언어학, 언어유형론 등이 있는데 본 절에서는 각각의 특성을 간략히 알아보겠다. 허여룡(許余龍)(1992:12)은 언어에 대한 대비 연구는 서로 교차되는 두 개의 좌표축에 의해 네 분야로 이루어진다고 했다. 〈그림 3〉을 보면 시간 좌표축은 통시와 공시로 나누어지고 대상 좌표축은 언어 내 연구와 언어 간 연구로 나누어진다.

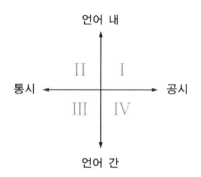

〈그림 3〉 대비에 의한 언어 연구의 네 분야

'분야I'은 해당 언어가 특정한 시기의 음운적, 형태적, 통사적, 표현 담화적 특징을 연구 대상으로 하여 공식적인 언어 내 특징을 비교·분석한다. '분야II'는 해당 언어의 변천을 통시적인 시각으로 연구하는 분야로 한 언어가 상이한 역사 시기에 어떻게 다른가를 비교하여 언어의 변천사를 연구한다. '분야Ⅲ'은 언어 간의 상관관계를 통시적인 시각으로 연구하는 분야로 상이한 언어를 비교하여 특정 언어 간의 차이점과 유사점을 연구하는 것이다. '분야Ⅳ'는 주로 언어 간의 공시적인 대조를 통해서 서로 상이한 언어에 나타난 음운적, 형태적, 통사적, 표현 담화적 특징을 대조·연구하는 것이다. 이어서 위의 좌표에 의해 이루어진 4개 분야를 통해 비교·대조에 의해 파생된 언어학의 하위 분류인 '대조언어학', '비교언어학', '언어유형학'을 살펴보겠다.

1 ▌ 비교언어학

비교언어학(comparative linguistics)은 역사비교언어학의 준말이고 주로 언어의 통시적인 변화를 연구하고 언어의 변천사와 언어 간의 친족관계를 밝히는 학문이다. 비교언어학의 연구 영역은 아래 〈그림 4〉에 제시한 것처럼 '분야Ⅲ'에 해당한다.

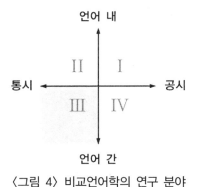

〈그림 4〉 비교언어학의 연구 분야

그림을 통해서 대조언어학과 비교언어학의 연구 대상이 다르다는 것을 쉽게 파악할 수 있다. 대조언어학은 주로 공시적인 시각으로 대상이 되는 언어를 연구하고 비교언어학은 주로 통시적인 시각으로 언어를 연구한다. 비교언어학은 같은 계통에 속하는 언어의 비교를 통하여 특정 언어 간의 상호 관련성을 밝히는 데 목적을 두며 언어 간의 차이점보다 언어 간의 공통점에 더 관심을 둔다. 대조언어학은 상이한 언어의 비교를 통하여 외국어 학습에 응용하는 데 목적을 두기 때문에 언어 간의 공통점보다 언어 간의 차이점에 더 관심이 있다. 허용(2013:3)은 대조언어학은 외국어 교육 등 실용적인 목적에서 출발한 응용언어학적 성격이 강한 반면 비교언어학은 보편성과 특수성 등 언어에 대한 이해에 목표를 두는 이론적 성격이 강하다고 했다. 허용(2013:3)은 비교언어학과 대조언어학의 특징을 간략히 아래 〈표 5〉와 같이 정리했다.

〈표 5〉 비교어학과 대조언어학의 대비

	비교언어학	대조언어학
관심 영역	해당 언어 간의 공통점	해당 언어 간의 차이점
목 적	보편성과 특수성 등 언어에 대한 이해	외국어 교육 등 실용적인 분야에서의 활용
접근 방법	통시적 접근	공시적 접근
언어학적 분류	이론언어학	응용언어학

2 ■ 언어유형론

언어유형론(linguistic typology)은 세계의 여러 언어들을 조사하여 공통적인 특징을 파악하고 이를 바탕으로 유형을 분류하는 연구이다. 연구 영역은 아래 〈그림 5〉에 제시한 것처럼 '분야 IV'에 해당하다.

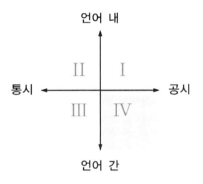

〈그림 5〉 언어유형론의 연구 분야

　대조언어학과 언어유형론의 연구 대상은 '분야 IV'에 중첩되지만 연구의 목적이 서로 다르다. 대조언어학은 상이한 언어의 비교를 통하여 언어 간의 차이점을 밝히고 외국어 학습에 응용하는 데 목적을 둔다. 예를 들면 중국어 발음과 한국어 발음을 대조하여 중국인 학습자들이 한국어 받침을 정확하게 발음하지 못하는 원인을 찾는 작업이 대조언어학의 연구 분야이다. 이와는 다르게 언어유형론은 여러 언어의 대비를 통하여 언어의 유형을 파악하고 인간의 언어 유형 체계를 세우는데 목적이 있다. 결과적으로 언어유형론은 언어 간의 차이점보다 언어의 공통점에 더 관심을 가진다. 예를 들면, 한국어, 수메르어, 일본어를 대비하여 언어 간의 공통점으로 교착어의 체계를 세우는 작업이 바로 언어유형론의 연구 내용이다. 많은 학자들은 대조언어학이 구체적인 문제를 연구하는 것과 달리 언어유형론은 추상적인 문제를 연구한다고 한다. 허용(2013:3)은 언어유형론과 대조언어학의 특징을 간략히 아래

〈표 6〉과 같이 정리했다.

〈표 6〉 대조언어학과 언어유형론의 대비

	언어유형론	대조언어학
관심 영역	언어 간의 공통점	언어 간의 차이점
중시 분야	보편성, 전체적인 조감도	개별성, 구체적인 특징
접근 방법	공시적 접근	공시적 접근
언어학적 분류	이론언어학	응용언어학

3 대조언어학

대조언어학(contrastive linguistics)은 주로 공시적인 시각으로 대상이 되는 언어의 특징을 파악하고 다른 언어들과의 차이점과 유사점을 밝히는 학문으로 연구 초기에 '대조분석(contrastive analysis, 줄여서 CA라고도 한다)'이라고 하였다. 아래 〈그림 6〉에 제시한 것처럼 대조언어학의 연구 영역은 주로 '분야Ⅰ'과 '분야Ⅳ'에 해당한다.

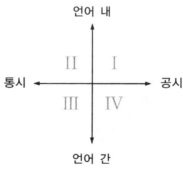

〈그림 6〉 대조언어학의 연구 분야

과거 대조언어학은 다른 언어들 간의 대비를 많이 했었지만, 요즘은 한 언어 내에서 각 부분을 대비하는 작업도 많이 하고 있다. 외국어 학습에서 위에 언급한 모국어와 목표어의 대조 이외에 모국어 내부의 대조도 필요하다. 즉, 목표어 내 혼동하기 쉬운 항목에 대한 대조를 통해서 변별하기 어려운 대상을 구별하고 파악하는 것이다. 예를 들어, 학습자들이 혼동하기 쉬운 한국어 의문형 종결어미 '-ㄹ래요'와 '-ㄹ까요'의 대조 분석을 통하여 학자들로 하여금 기능이 유사한 두 개 문법 항목을 구별하고 파악하게 한다. 단적으로 이야기하면 효율적인 외국어 학습을 위해 이루어지는 대조 분석은 학습자의 모국어와 목표어 간의 대조·분석과 목표어 내 유사한 항목 간의 대조·분석 두 가지로 구성된다. 본문은 한국어와 중국어 간의 대조·분석 이외에 한국어에서 기능이 유사한 의문형 종결어미의 대조·분석도 같이 병행한다.

〈표 7〉 대조언어학의 내용

외국어 학습에서 이루어지는 대조분석	모국어와 목표어 간의 대조·분석
	목표어 내 유사한 항목 간의 대조·분석

2.1.2. 의문문 교육에서의 대조언어학의 역할

외국어 학습에 미치는 여러 가지 요인 중에서 학습자의 모국어는 가장 중요한 요인 중의 하나이다. 언어는 일정한 규칙으로 이루어지는 체계이므로 서로 다른 언어체계에서는 구성방식과 사용규칙이 다르다. 다수의 언어 학습자는 모국어 언어 체계의 인지 기초로부터 외국어를 배우기 때문에 모국어의 영향을 받는다. 이에 학습자의 모국어와 배우고자 하는 목표어의 대조가 필요하다. Brown(2010:107)은 인간은 새로운 문제를 접하면 기존의 인지 구조 내에서 통찰, 논리적 사고, 다양한 가설 검증 등 선행 경험과 자신의 인지 구조를 충분히 활용하여 그 문제를 해결한다고 했다. 이와 같이 외국인 학습자들도 목표언어를 배울 때 기존의 인지 구조 내에서 모국어의 언어 규칙을 활용하여 의사소통 문제를 해결하려는 경향이 있다. 학습자가 외국어를 학습하는 과정은 바로 외국어와 모국어를 비교하는 과정이며 이 과정에서 학습자는 불가피하게 모국어의 영향을 받는다. 대조언어학은 행동주의 심리학의 영향으로 '전이'라는 개념을 도입하고 이러한 문제를 잘 설명하고 있다. 미국의 언어학자 Terence Odlin은 외국어 습득 과정에서 모국어의 긍정적 전이(positive transfer)와 부정적 전이(negative transfer)를 동시에 받는다고 한다.[3] 부정적 전이란 언어 간의 영향 때문에 실수, 과잉이나 부족, 오해 등을 초래하여 모국어 화자와 비모국어 화자 간에 다른 행동을 발생시키며 언어학습에 방해가 된다. 이에 반해 긍정적 전이는 언어 간의 유사성 때문에 언어학습을 촉진시킨다. 영어나 독일어, 프랑스어를 모국어로 하는 한국어 학습자들의 경우에는 한자어를 습득하는 데에 많은 어려움을 보이지만 이들과 달리 중국어나 일본어를 모국어로 하는 학습자들의 경우는 한자어를 익히는 데 상대적으로 용이하다. 대조분석으로 한국어와 중국어의 유의점과 차이점을 찾아내고 학습자의 오류를 결합해서 분석하면 외국어 학습에 대한 긍정적 전이가 늘어나면서 부정적 전이가 감소하고 효율적인 학습이 이루어질 수 있다.

　대조언어학은 학습자 모국어의 음운적, 형태적, 통사적, 담화적 대조

---

3) 학자들에 따라 긍정적인 전이는 적극적 전이나 전이라고 부르기도 하고 부정적인 전이는 소극적인 전이나 간섭이라고 부르기도 한다.

를 통해서 학습자들이 외국어 학습의 난점을 예견하고 대응하는 해결 방안을 미리 마련하는 데 목적이 있다. 대조 분석의 결과에 의하여 모든 오류를 예측할 수는 없지만 학습 과정에서 산출된 오류의 원인을 규명하는 데에 도움이 된다는 것은 많은 학자들로부터 인정을 받았다. 따라서 대조분석을 외국어 학습 연구에 합리적으로 결합하면 외국어 학습의 난점을 미리 식별하여 오류가 발생할 수 있는 형태를 예측하거나, 모국어 화자와 학습자가 목표어를 사용하는 양상을 대조하여 다양한 전이 규칙을 예측하는 데에 효과적일 수 있다. 따라서 대조 분석은 외국어 교육에서 난점을 예견하고 오류를 분석하는 데 효율적으로 적용할 수 있는데, 이는 4개의 기본 단계를 거쳐야 한다.

첫 단계는 서로 다른 언어 간에 같은 내용을 선택하여 대조 분석을 통하여 모국어와 목표어의 차이점을 파악한다. 두 번째 단계는 이런 대조 분석을 통하여 학습의 난점을 예측하고 예측된 난점에 의해 설문 조사를 설계한다. 설문 조사는 주로 예견된 난점에 관한 내용으로 작성하고 모국어 화자와 외국어 학습자들의 목표어의 사용 양상을 대조·분석한다. 세 번째 단계는 설문 조사 결과를 통하여 예견을 검증하고 조사에서 나온 오류를 분석한다. 설문 조사에서 모국어 전이로 인해 생긴 오류를 단계1에서 모국어와 목표어의 대조 결과에 의해 분석하고 예견을 다시 수정한다. 네 번째 단계는 분석한 결과에 따라 예견을 다시 수정하고 외국어 교육에 응용하는 것이다. 위의 단계적 절차를 정리하면 〈그림 7〉과 같다.

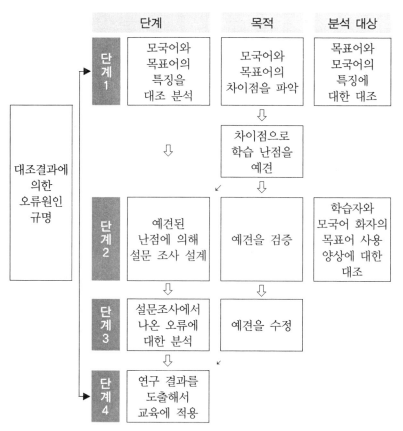

〈그림 7〉 외국어 교육에서 대조 분석의 적용 절차

위의 외국어 교육에서의 대조 분석의 적용 절차를 바탕으로 한 본고
의 대조 분석 절차는 〈그림 8〉과 같다.

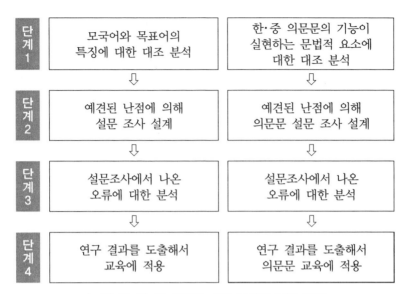

단계 1	모국어와 목표어의 특징에 대한 대조 분석	한·중 의문문의 기능이 실현하는 문법적 요소에 대한 대조 분석
	⇩	⇩
단계 2	예견된 난점에 의해 설문 조사 설계	예견된 난점에 의해 의문문 설문 조사 설계
	⇩	⇩
단계 3	설문조사에서 나온 오류에 대한 분석	설문조사에서 나온 오류에 대한 분석
	⇩	⇩
단계 4	연구 결과를 도출해서 교육에 적용	연구 결과를 도출해서 의문문 교육에 적용

〈그림 8〉 한·중 의문문 대조 분석의 적용 절차

첫 단계에서는 한국어와 중국어의 대조를 통해서 의문문의 기능이 실현되는 문법적 요소의 차이점을 밝히고 중국인 한국어 학습자의 학습 난점을 예측할 것이다. 그 다음에 예측된 난점에 의한 설문 조사를 작성하고 중국어 학습자와 모국어 화자의 한국어 의문문 사용 실태를 대조·분석할 것이다. 세 번째 단계에서는 설문 조사 결과에 의한 예견을 검증하고 잘못된 예견을 수정하고자 한다. 조사 결과에서 나온 중국어 전이로 인해 생긴 오류는 첫 단계의 한·중 대조 분석 결과와 결합하여 분석할 것이다. 마지막 단계는 연구 결과를 도출하여 한국어 의문문 교육에 적용한 후 의문문의 교육 내용을 정리할 것이다.

2.2. 한·중 의문문 기능 실현 요소의 대조

대조 분석의 전제는 분석 대상이 동질적인 성향을 가져야 한다는 것이다. 이는 한국어 의문문과 중국어 의문문을 대조·분석하기 전에 의문문이 속하는 문법 범주부터 살펴볼 필요가 있음을 시사한다. 한국어 의문문은 서법의 하나로 간주되며 평서문, 명령문, 청유문, 감탄문과 함께 한국어의 서법 체계에 포함된다. 서법이란 화자의 청자에 대한 생각이나 태도가 문장의 종결어미에 나타나는 것이다. 박덕유(2012:210)에서 의문문은 화자가 청자에게 질문하여 그 대답을 요구하는 문장 종결 양식으로, 단순한 서술에 머물지 않는다는 점에서 평서문이나 감탄문과 다르고, 어떤 행동을 요구하지 않는다는 점에서 명령문이나 청유문과 다르다고 했다. 위의 분석을 통해서 알 수 있듯이 한국어 의문문의 상위 범주인 서법과 중국어 의문문의 상위 범주인 어기는 모두 화자의 생각이나 태도를 나타낸다는 점에서 비교할 만한 과제이다.

중국어에서 의문문은 어기(語氣) 범주로 다뤄져 왔다. 왕력(王力)(1985:161)에서는 사람들이 종종 객관적으로 일을 서술하지 못하는 경우가 많고 대부분 발화에 어느 정도의 감정이 들어 있다고 했다. 이러한 감정은 흔히 억양[4]으로 나타내지만 억양만으로 모든 감정을 드러낼 수 없으므로 중국어에서는 허사(虛詞)[5]로 억양을 도와 다양한 감정을 분명하게 나타나게 한다. 이처럼 언어로 각종 감정을 드러내는 방식을

---

4) 중국어에서는 이를 어조(語調)라고 부르지만 한국어의 억양과 같은 뜻으로 쓰이기에 본고에서는 이해의 편의를 위해 억양이라는 용어를 사용하였다.
5) 중국어에서 실사(實詞)는 문법적 기능과 의미를 함께 가지고 있는 어휘를 가리키는 데 반해 허사(虛詞)는 독립된 의미를 가지지 못하고 문법적인 기능만을 가지는 어휘를 말한다.

어기(語氣)라고 한다. 형복의(邢福義)(1991)에서는 어기에 따라 중국어 문장을 진술(陳述), 감탄(感歎), 기사(祈使), 의문(疑問)과 같이 네 가지 유형으로 나눈다.

위의 분석을 통해서 알 수 있듯이 한국어 의문문의 상위 범주인 서법(敍法)과 중국어 의문문의 상위 범주인 어기(語氣)는 모두 화자의 생각이나 태도를 나타낸다는 점에서 비교할 만한 과제이다.

2.2.1. 한국어 의문문의 기능 실현 요소

한국어 의문문의 다양한 기능을 실현하는 문법적 요소를 구체적으로 제시하면 주로 의문형 종결어미, 의문사, 부정 표현, 부사, 통사구조 등이 있다.

1 의문형 종결어미

의문형 종결어미는 의문문을 이루는 필수적인 요소이다. 의문형 종결어미는 문장의 끝에 위치하여 문장이 의문문임을 나타낸다.

> (3) ㄱ. 매일 운동을 하니?
> ㄴ. 각 계절에 따른 사람들의 생활 모습은 어떻습니까?
> ㄷ. 너 엄마한테 또 혼났다면서?

위의 예문들이 의문문으로 인식되는 것은 '-니, -습니까, -다면서' 등의 의문형 종결어미에 의해 이루어진 것이기 때문이다. 의문문 어미는 문장을 의문문으로 성립시키는 형태적인 표지이면서 의문문을 이루는 기본 요소이다.

2 의문사

의문사는 화자가 자신이 알고자 하는 내용에 대해서 의문을 나타내는 데에 사용하는 어휘적인 요소이며 특히 설명 의문문에서 가장 중요한 요소이다. 박종갑(1987:22)에 의하면 의문사는 의문문에서 화자가 모르거나 알기를 원하는 정보의 내용을 유형별로 제시하는 기능을 수행하는 일련의 어휘들을 가리키는 것으로 보았다. 의문사는 의문문을 이루는 필수적인 요소는 아니지만 의문문이 형성되는 데 중요한 역할을 한다. 의문사는 질문에 초점이 있으면 의문사의 역할을 하지만, 질문에 초점이 놓여 있지 않거나 서술, 명령, 청유 등의 기능으로 사용되는 발화에서는 미정사(부정사)가 된다(이창덕, 1992:122). 한편 이은섭 (2005:71)에서는 한국어 의문사의 유형으로 의문 대명사, 의문 수사, 의문 관형사, 의문 부사, 의문 동사, 의문 형용사와 같은 체계로 정리한 바가 있다.

　　가. 의문 대명사: 누구, 무엇, 어디, 언제
　　나. 의문 수사: 몇, 얼마
　　다. 의문 관형사: 무슨, 어느, 어떤, 어인, 어쩐, 웬
　　라. 의문 부사: 어떻게, 왜, 어찌
　　마. 의문 동사: 어찌하-, 어떠하-, 어쩌-
　　바. 의문 형용사: 어떠하-

3 부정 표현

한국어에서 부정 표현은 단독적으로 의문문을 이루지는 못하지만 의문문의 비의문 기능을 이루는 데 완화 장치나 강조 장치로 많이 쓰인다. 예를 들어 명령 기능을 수행하는 의문문은 부정 표현을 동반하는 경우가 많고 '부정+의문'의 방식으로 강한 명령 기능을 수행한다. 화용론에서 이중부정이 긍정을 나타낸다는 규칙과 비슷하게 '부정+의문'의 형식역시 화자의 강경한 태도를 보여준다.

    (4) ㄱ. 빨리 일어나!
         ㄴ. 빨리 일어나지 못해?

위의 예문 (4ㄴ)은 부정 표현과 의문형 종결어미의 결합으로 (4ㄱ)보다 화자의 강경한 태도를 보인다. 한편 부정 표현은 완화장치로도 기능하는데, 주로 부탁 화행을 수행하는 경우가 이에 해당된다. 아래와 같이 한국어 화자들은 의문문으로 부탁 화행을 수행할 때 체면을 지키려는 완화장치로 부정 표현을 사용한다.

    (5) ㄱ. 같이 가지 않겠어?
         ㄴ. 같이 가지 않을래요?

위의 예문(5)는 화자가 상대방에게서 거절을 당할까봐 미리 체면 손상 방지의 장치로 부정 표현을 사용한 것이다.

4 선어말어미 '-겠-'

의문문의 다양한 기능을 실현해 주는 요소는 종결어미 이외에 선어말어미 '-겠-'이 있다. 선어말어미 '-겠-'은 미래시제라는 기본 의미를 갖고 있고, 미래시제가 가지고 있는 불확실성, 미확인성, 미실현성 등으로 인하여 추측과 의도라는 양태적 의미를 표출한다(박현주, 2011:3). 이리하여 국어학에서 선어말어미 '-겠-'은 양태 범주에서 다뤄지는 경우가 많다. 앞에서도 언급했지만 의문문은 의문 기능만 수행하는 것이 아니고 의향, 추측 등 다양한 기능을 수행한다. 양태 표현으로서의 '-겠-'은 추측과 의지를 나타내므로 추측이나 의향 기능을 수행하는 의문문과 같이 공기되는 경우가 많다.

(6) ㄱ. 논문을 좀 봐 주시겠어요?   (의향 기능)
    ㄴ. 음식을 이렇게 넉넉히 준비했는데 설마 음식이 모자라는 건 아니겠지요?   (추측 기능)

5 부사

국어학에서 부사는 의문문을 이루는 형식적인 요소로 보지 않지만, 의문문의 다양한 기능, 특히 비의문 기능을 수행하는 데 부사가 중요한 역할을 한다는 것은 인정하고 있다. 박지숙(2002)에서는 이같이 의문형 종결어미와 호응하여 의문법으로 쓰임으로써 화자의 심리적 태도를 드러내는 부사류를 의문형 서법부사라고 했다. 이창덕(1992:32)에서 이같은 의문형 서법부사는 의문문의 다양한 기능을 이루는 공기 요소로 보고 기능을 확정해 주는 표지로 보았다.

(7) ㄱ. 할아버지께서 혹시 망령이 드신 게 아닐까요?　　　　(추측)

　　ㄴ. 그가 설마 간첩이란 말이냐?　　　　　　　　　　　　(추측)

　　ㄷ. 그 사람이 도대체 누구입니까?　　　　　　　　　　　(질문)

　　ㄹ. 식물에도 정신세계가 있다는데 하물며 동물은 어떠하겠는가?(제보)

　　ㅁ. 돈은 필요 없고 마음만이라도 편하게 살면 오죽 좋겠는가?(정표)

　　예문(7)에서 부사는 의문형 종결표현과 공기(共起) 관계를 이루어 추측, 제보, 정표 등 다양한 기능을 수행한다. 대부분 상황에서 의문형 서법부사가 없어도 문장이 수행하던 기능을 그대로 수행할 수 있지만, 의문 부사와 공기하면 화자의 의도가 더 명확해지고 문장의 기능이 더 뚜렷하게 실현된다. 특히 예문(7ㄹ), (7ㅁ)처럼 부사가 빠지면 기능을 이루지 못하는 경우도 있다.

6 ■ 구문 표현

　　구문 표현에 해당되는 범주는 국어학에서 연구가 많이 되었지만 통일된 용어로 정리되지는 못했다.[6] 본고에서는 최윤곤(2010)에서 제시한 정의에 따라 구문 표현을 설정하고자 한다. 구문 표현이란 체언, 용언 등 어휘요소와 조사, 어미 등 문법적 요소가 결합하여 의미·통사적으로 하나의 기능을 갖는 것이다. '설마 -는/은/ㄴ 건 아니겠지요?'와 같은 구문 표현은 부사 '설마', 명사 '것', 부정사 '아니다'와 관형사형 어미 '-는/은/ㄴ', 어말어미 '-겠', 의문형 종결어미 '-어요'의 서로 다른

---

6) 김혜진(2012:15)에 따르면 구문 표현은 학자에 따라 '결합형', '인접 공기어', '목합 형식', '표현항목', '표현문형', '표현', '덩이형태', '덩이표현', '패턴', '관용표현' 등 여러 가지 용어로 제시되었다.

세 요소가 통합된 표현이다. 구문 표현 '-ㄴ/은들 -겠어요'는 조사 '-ㄴ/은들'과 선어말어미 '-겠', 의문형 종결어미 '-어요'의 서로 다른 여러 요소들이 통합된 표현이다. 이와 같은 구문 표현은 문법적 요소와 어휘 요소가 결합된 굳어진 덩어리 형태이고 함께 공기해서 하나의 문법 기능을 수행한다. 아울러 몇 개의 의문문이 이루어진 구문 표현과 예문을 살펴보겠다.

① 설마 -는/은/ㄴ 건 아니겠지요?

(8) 가: 음식을 이렇게 넉넉히 준비했는데 <u>설마</u> 음식이 모자라는 <u>건 아니겠지요?</u>
    나: 그럼요, 걱정 마세요. 넉넉할 거예요.

② -다/자/냐/라는 말이에요?

(9) 가: 매일 아침을 당신과 함께 했으면 좋겠습니다.
    나: 그 말은 지금 결혼하<u>자는 말이에요?</u>

요컨대 예문(8)은 추측 기능을 수행하고 예문(9)는 질문 기능을 수행하는데 '설마 -는/은/ㄴ 건 아니겠지요?'와 '-다/자/냐/라는 말이에요?'는 각각의 문장에서 분리되지 못하는 덩어리 형태로 사용하게 된다. 외국인 학습자들은 의문문의 다양한 기능을 잘 사용하려면 이 같은 구문 표현도 학습할 필요가 있다.

2.2.2. 중국어 의문문의 기능 실현 요소

중국어 의문문의 다양한 기능을 실현하는 문법적 요소는 주로 '의문 어기사', '의문 대사', '의문 부사', '양태동사', '통사구조' 등이 있다.

1 의문 어기사(疑問 語氣詞)

중국어 의문 어기사는 문장의 끝에 위치함으로써 의문 어기를 나타내는 품사이다. 중국 학자들의 의문 어기사 연구에 의하면 의문 어기사는 주로 '呢, 吗, 吧'를 꼽는다.7) '吗'는 주로 시비의문문8)에서 사용되어 '예'나 '아니요'로 대답을 기대한다. '呢'는 주로 특지의문문,9) 선택 의문문10)과 정반의문문11)에서 사용되어 따지는 의미가 내포된다. '吧'는 '呢,

---

7) 의문 어기사는 초기에 '吗, 么, 呢, 吧, 啊, 呀, 哇, 哪'(吕叔湘, 1982; 丁树声, 2002)로 인식되었으나 많은 학자들의 시험 결과와 비교연구를 통해서 이제 일반적으로 '吗, 呢, 吧'로 인식되고 있다(兰巧玲, 2007:14).

8) 시비의문문(是非疑問文)에서의 '是'는 긍정, '非'는 부정의 뜻으로 청자에게서 긍정적인 대답이나 부정적인 대답을 요구하는 의문문을 일컫는다. 시비의문문은 한국어에서 '예-아니오'로 대답하는 가부 의문문에 해당된다.

9) 특지의문문(特指疑問文)이란 의문사로 미지 정보를 대체함으로써 미지 정보에 대한 제보를 요구하는 것이다. 특지의문문은 한국어에서 설명 의문문에 해당된다.

10) 선택 의문문(選擇疑問文)이란 화자가 둘 또는 그 이상의 선택항을 제공하고 청자로 하여금 그중의 하나를 골라 응답하도록 요구하는 의문문이다.

11) 정반의문문(正反疑問文)에서의 '正'은 긍정, '反'은 부정의 뜻으로 서술어의 긍정 형식과 부정 형식이 결합됨을 일컫는다. 화자가 이 같은 상반된 긍정적인 명제와 부정적인 명제를 청자에게 제공하고 청자에게 그중의 하나를 선택하여 대답하도록 요구하는 의문문이다. 정반의문문과 선택 의문문은 모두 청자에게 두 개의 선택을 제공하지만 제공된 선택이 다르다. 선택 의문문의 선택항은 서로 다른 두 명제이지만 정반의문문의 선택항은 같은 명제에서 파생된 상반 관계를 가진 두 명제이다.

(10) 你喜欢玫瑰花还是百合花? 장미꽃을 좋아하니? 백합화를 좋아하니?

(11) 你去不去图书馆? 도서관에 갈 거니, 안 갈 거니?

예문(10)에서 화자가 청자에게 '장미꽃을 좋아하니?'와 '백합화를 좋아하니?'의 두 개

'吗'보다 의문의 정도가 떨어지고 추측이 많이 나타난다.

> (12) ㄱ. 你是中级班的学生吗?　　(중급반 학생인가요?)
>　　　ㄴ. 你愿意做我的妻子吗?　　(제 아내가 돼 주실래요?)
>　　　ㄷ. 撑着了吧?　　　　　　　(너무 많이 먹었지?)
>　　　ㄹ. 你是景玉的同屋吧?　　　(경옥의 룸메이트지요?)

위의 예문에서 의문 어기사 '呢, 吗, 吧'가 없으면 의문 기능을 수행하지 못할 정도로 '呢, 吗, 吧'는 의문문이 이루어지는 중요한 문법 표지이다. 그러나 의문 어기사는 의문문이 이루어지는 필수적인 요소는 아니다. 예문(12)를 보면 의문 대사 '哪儿(어디)', '谁(누구)'가 나타날 때, 의문 어기사 '呢, 吗, 吧'가 없어도 각 문장은 그대로 의문 기능을 수행할 수 있다.

> (13) ㄱ. 明天我们去哪儿(呢)?　　(내일 어디로 갈까요?)
>　　　ㄴ. 你的偶像是谁(呢)?　　　(너의 우상은 누구니?)

2 의문 대사(疑問代詞)

중국어에서 한국어 의문사와 대응하는 문법 범주를 의문 대사라고 한다. 아래 예문(14)가 제시하는 바와 같이 의문 대사는 의문문에서 화자가 모르거나 알기를 원하는 정보를 대체하는 기능을 수행한다.

서로 다른 선택항을 제공했는데 이 두 개의 선택항은 서로 다른 명제이다. 예문(10)과 달리 정반의문문인 예문(11)은 화자가 청자에게 '도서관에 간다.'와 '도서관에 안 간다.'의 상반된 두 명제를 제공했다.

(14) ㄱ. 您找谁?　　　　　　　　(누구를 찾으세요?)

　　ㄴ. 你打哪个领带?　　　　　(어느 넥타이로 할래요?)

　　ㄷ. 你们什么时候离开北京?　(언제 북경에서 떠나요?)

　의문 대사의 범주 및 분류는 아직 논쟁이 많고 정설이 없다. 의문 대사 분류에 관한 많은 학설에서 여숙상(呂淑湘)(1944:184)의 기능에 의한 의문 대사의 분류는 많은 학자들에게서 인정을 받고 후행 연구에서 많이 수용되었다.

〈표 8〉 중국어 의문 대사의 하위 분류

분류	의문 대사
사람이나 사물을 묻는 의문사	谁, 什么, 哪
장소를 묻는 의문사	哪儿, 哪里
성질, 상태, 행동, 방식을 묻는 의문사	怎么, 怎样, 怎么样
시간을 묻는 의문사	哪会儿, 多会儿
원인을 묻는 의문사	怎么, 为什么
수량을 묻는 의문사	多, 多少, 几
정도를 묻는 의문사	多

3 **부정 표현**

　중국어 의문문에서 부정사 '不'과 '没(有)'를 단독적으로 사용하거나 다른 요소와 통합해서 이루어진 통사구조로 의문이 나타나는 경우가 많다. 여기에서는 부정사로 이루어진 대표적인 통사구조 'X不(X)'와 '술어+没(有)'를 예로 들어 설명하겠다.

① X不(X)

동일한 동사나 형용사를 부정사 '不'를 사이에 두고 문장 끝에 반복 사용하여 'X不(X)'의 형태로 의문을 나타낸다. 'X不(X)'형 구조는 화자가 어떤 행동이 발생할지 안 할지를 직접 묻는 방식으로 질문 기능을 수행한다. 이 구조는 동사나 형용사의 긍정적인 형태와 부정적인 형태를 동시 나열하는 방식으로 문장의 의문 초점이 된다.

(15) ㄱ. 你想不想吃饺子?　　　(만두를 먹을래요?)

　　　ㄴ. 教授喜不喜欢喝咖啡?　(교수님이 커피를 좋아하나요?)

　　　ㄷ. 要不要再买点泡菜?　　(김치를 좀 더 살까요?)

② 술어+ 没(有)

중국어 부정사 '没'나 '没(有)'는 '아니다', '없다'의 뜻인데 문장의 끝에서 '술어+没(有)'의 결합형으로 의문을 나타낸다.

(16) ㄱ. 做好心理准备没有?　　　(각오하고 있나요?)

　　　ㄴ. 妈, 饭熟了没?　　　　　(엄마, 밥이 다 됐어요?)

　　　ㄷ. 这课的生词写完了没有?　(새 단어를 다 썼어?)

　　　ㄹ. 你看见我的书了没有?　　(내 책을 봤어?)

4　양태동사[12)

문장은 양태와 명제로 이루어진다. 명제는 문장의 기본적인 의미 내용을 나타내고 양태는 명제를 제외한 화자의 심리적 태도를 나타낸

---

12) 한국어의 양태 표현과 대비하기 쉬워서 양태동사로 기술했지만 중국어에서 양태를 나타나는 동사는 정태동사(情態動詞), 능원동사(能願動詞)라고 한다.

다.[13] 문장의 의미를 분석할 때 명제와 양태를 같이 분석해야 비로소 발화자의 의도를 파악할 수 있다. 중국어 양태 표현의 핵심 요소가 바로 양태동사이다. 황백영(黃伯榮)·료서동(廖序東)(1991)에서 양태동사는 동사나 형용사 앞에서 소망이나 가능, 필연, 의지 등의 뜻을 나타내는 동사임을 밝히고 있다. 양태동사는 의문문을 이루는 다른 문법적 요소와 공기해서 부탁, 권고, 제안 등의 기능을 수행하는 경우가 많다.

(17) ㄱ. 您能告诉我您的电话号码吗? (전화번호를 좀 알려 주시겠어요?)
　　 ㄴ. 你可以把窗户关上吗? 　　 (창문을 좀 닫아 주실래요?)
　　 ㄷ. 你不能改一下你这毛病吗? (이 버릇을 좀 고쳐 줄 수 없나요?)
　　 ㄹ. 你能不能把韩国语书递给我? (한국어 책을 좀 건네주겠니?)

5 ▨ 어기 부사

　어기 부사는 어기를 나타내는 부사로 이는 보통 문장의 한 부분을 수식하는 것이 아니라 문장 전체를 수식하는 경우가 많다. 부분 어기 부사는 의문문의 다양한 기능을 실현해 주는 데 중요한 역할을 한다. 단업휘(段業輝)(1995)에서 중국어 어기 부사는 의문문의 기능을 변화시키는 것으로 나타난다. 즉, 의문 기능을 비의문 기능으로 바꾸어 주고 화자의 생각이나 감정을 나타낸다. 여기서 의문문과 공기 빈도가 높은 어기 부사 '岂, 难道, 到底, 竟然' 등을 예로 들어 어기 부사를 살펴보겠다.

---

13) 박지숙(2002:14) 재인용.

难道

(18) ㄱ. 我这么大年纪了，<u>难道</u>还会说谎吗?

　　내가 이렇게 나이를 먹었는데 거짓말 따위를 하겠습니까?

　　ㄴ. <u>难道</u>不许我说话不成?

　　설마 내가 말해서는 안 된다는 것은 아니겠지?

到底

(19) ㄱ. 你<u>到底</u>要说什么呀?　　너 도대체 무슨 말을 하려는 것이냐?

　　ㄴ. 你<u>到底</u>给不给他打电话?　너 도대체 그에게 전화를 할거야 말거야?

竟然

(20) <u>竟然选他不选我</u>?　　　　그를 뽑고 나를 안 뽑다니?

위의 예문들을 통해서 알 수 있듯이 이 같은 어기 부사가 나타나는 의문문은 의문 기능을 수행하는 것이 아니고 주로 제보 기능, 지시 기능 같은 비의문 기능을 수행한다.

6 통사구조[14]

중국어에서 단어와 단어가 결합된 통사구조의 형식으로 의문문의 다양한 기능을 실현할 수도 있다. 앞서 부정 표현에 대한 논의에서 언급

---

14) 중국어에서 단어와 단어가 결합된 절이나 구는 구법결구(句法結構)나 단어(短語), 사조(詞組)라고 하는데, 본문에서는 이해하기 쉽도록 한국어에서 의미가 비슷한 통사 구조로 번역하였다.

했듯이 'X不(X)'와 '술어+没(有)'가 바로 전형적인 통사구조이다. 여기서 통사구조 "어기부사 '还'+'不…'", "의문 대사'谁'+'没…'", '是A 还是B' 등을 예를 들어 살펴보겠다.

(21) ㄱ. <u>谁没</u>谈过恋爱?　　　　(누가 연애를 안 해봤어?)
　　　ㄴ. <u>还不</u>快去?　　　　　　(빨리 안 가?)
　　　ㄷ. 喝茶<u>还是</u>喝咖啡?　　　(차를 마실래요? 커피를 마실래요?)

예문 (21ㄱ)에서 통사구조 '谁没…'는 '누가 그런 적이 없나?'의 뜻으로 의문문의 제보적인 기능을 수행한다. 예문 (21ㄴ)에서 통사구조 '还不…'는 재촉을 나타내 의문문의 지시 기능을 수행한다. 그리고 예문 (21ㄷ)에서 '是A 还是B'의 통사구조로 상대방의 의향을 물어봄으로써 의문문의 의향적 기능을 수행한다.

한국어와 중국어는 같은 어족의 언어는 아니지만 의문문의 다양한 기능을 이루는 문법적 요소를 통해 대조 분석의 의미를 발견하였다. 이에 문법적 요소를 표로 정리하면 〈표 9〉와 같다.

〈표 9〉 한·중 의문문의 기능을 실현하는 문법적 요소의 대응관계

한국어	중국어
의문형 종결어미	의문 어기사
의문사	의문 대사
부정 표현	부정 표현
선어말어미 '-겠-'	양태동사
의문형 서법부사	어기 부사
구문 표현	통사구조

본 절에서는 한·중 의문문의 다양한 기능을 이루는 문법적 요소를 구체적으로 대조·분석하고자 한다.

▨ 한국어 의문형 종결어미와 중국어 의문 어기사의 대조·분석

중국어의 의문 어기사는 한국어 종결어미와 비슷하게 의문문을 이루는 대표적인 요소이다. 중국어 어기사와 한국어 의문형 종결어미는 같은 의사소통 기능을 수행하는 경우가 많다. 예를 들어 중국어 어기사 '呢, 吗'는 단순한 의문 기능을 수행한다는 점에서 한국어 의문형 종결어미 '-ㅂ/습니까', '-아/어/여요'와 유사하고 '吧'는 '呢, 吗'보다 의문의 정도가 떨어지고 추측을 나타내는 점에서 한국어 종결어미 '-지요'와 유사하다. 한국어 의문형 종결어미와 중국어 어기사는 모두 문장의 끝에서 질문 기능을 수행하지만 일대일의 대응관계는 성립하지 않는다.

> (22) ㄱ. 아버지, 신문을 보고 계<u>십니까</u>?　　(爸, 看报呢?)
> 　　　ㄴ. 학교에 <u>갑니까</u>?　　　　　　　　(去学校吗?)
> (23) ㄱ. 吃冷面吗?　　　　　　　　　　　(냉면을 먹<u>을래요</u>?)
> 　　　ㄴ. 外面冷吗?　　　　　　　　　　　(밖에 추<u>워요</u>?)

위의 예문 (22)에서 한국어 예문은 모두 의문형 종결어미 '-ㅂ니까'로 끝나지만 중국어로 번역하면 서로 다른 '呢'와 '吗'로 번역해야 한다. 예문 (23)의 중국어 예문은 모두 의문 어기사 '吗'로 끝나지만 한국어로 번역하면 각각 '-(으)ㄹ래요'과 '-아/어/여요'로 번역된다. 중국어 어기사와 한국어 의문형 종결어미는 일대일의 대응관계는 아니지만 수행하는 의사소통 기능이 유사한 데가 많아서 한국어 학습에서 긍정적인 모국어 전이를 일으킨다. 구체적으로 설명하면, 중국어 어기사 '呢, 嗎'는 단순한 의문 기능을 수행한다는 점에서 한국어 의문형 종결어미 '-ㅂ/습니까'와 '-아/어/여요'와 유사하며, '吧'는 '呢, 嗎'보다 의문의 정도가 떨어지고 추측을 많이 나타나는 점에서 한국어 종결어미 '-지요'와 유사하다. 이로 인해 중국인 학습자들이 단순 의문 기능을 수행하는 의문형 종결어미 '-ㅂ/습니까', '-아/어/여요'와 추측, 확인 기능을 수행하는 의문형 종결어미 '-지요'를 상대적으로 파악하기 쉬워한다.

한편 중국어 모국어로 인해 부정적인 전이를 일으키는 경우도 있다. 중국어 어기사 '呢, 嗎'는 단순한 의문 기능 이외에 상대방의 의향을 물어볼 때도 많이 사용하게 된다. 중국어와 달리 한국어에서 청자의 의향을 물어볼 때는 일반 의문 기능을 수행하는 종결어미 '-아/어/여요'나 '-ㅂ/습니까' 등을 사용하지 않고 '-(으)ㄹ래요', '-(으)ㄹ까요' 등의 종결표현을 많이 사용한다. 따라서 모국어 전이로 인해 중국인 학습자들이 상대방의 의향을 물어볼 때 '-(으)ㄹ래요', '-(으)ㄹ까요'보다 '-ㅂ/습니까'와 '-아/어/여요'류 종결어미를 더 많이 사용하고 '-(으)ㄹ래요', '-(으)ㄹ까요'를 적절하게 사용하는 데까지 학습 시간이 상대적으로 오래 소요된다.

(24) ㄱ. 吃冷面吗?　　　　　　(냉면을 먹을래요?)
　　　ㄴ. 明天我们去哪儿呢?　　(내일 어디로 갈까요?)

위의 예문은 모두 상대방의 의향을 물어보는 의문문이지만 중국어는 문장 끝에 '呢, 吗'를 사용해서 표현하고, 한국어는 문장 끝에 '-(으)ㄹ래요', '-(으)ㄹ까요'를 주로 사용한다는 점에서 구분된다.

2 한국어 의문사와 중국어 의문 대사의 대조·분석

의문사는 한국어와 중국어 의문문의 대표적인 구성 요소로 사용 빈도가 높다. 한국어의 의문사든지 중국어의 의문사든지 의문사의 기본적인 기능은 화자가 모르거나 알기를 원하는 정보를 대체하는 지시 기능을 갖는다. 후문옥(候文玉)(2012)은 아래 〈표10〉, 〈표11〉과 같이 의문사의 지시 기능과 문법 기능으로 한국어와 중국어 의문사를 분류하였다.

〈표 10〉 의문사의 지시 기능 분류

지시 기능	중국어 의문사	한국어 의문사
사람, 사물을 묻는 의문사	谁, 什么, 哪	누구, 무엇, 무슨, 어느
시간, 장소를 묻는 의문사	多会儿, 哪里, 哪儿	언제, 어디
수량을 묻는 의문사	几, 多少	몇, 얼마
상황, 방식, 방법, 원인을 묻는 의문사	怎样, 怎么样 怎么, 为什么	어떠하다, 어떤, 어떻게 어찌하다, 왜, 어찌

〈표 11〉 의문사의 문법기능 분류

문법 기능		한국어 의문사	중국어 의문사
체언적	의문대명사	누구, 무엇, 어디, 언제	谁, 什么, 哪里, 哪儿, 多少, 几, (哪)
	의문수사	몇, 얼마	
용언적	의문동사	어찌하다	怎样, 怎么样, (怎么)
	의문형용사	어떠하다	

수식적[15]	의문관형사	무슨, 어느, 어떤	多会儿, 为什么,
	의문부사	어떻게, 왜, 어찌	怎么, 几, 哪

위의 표를 통해서 알 수 있듯이 한국어 의문사와 중국어 의문 대사는 지시 기능을 수행할 때 의미가 유사하며 서로 대응될 수 있다.

3 한국어 부정 표현과 중국어 부정 표현의 대조·분석

의문과 부정 표현의 결합은 한국어와 중국어에서 모두 존재하는 언어 현상이다. 양 국어학계에서 이 문제에 대한 연구 성과는 주로 '부정 의문문'의 영역에서 많이 이루어졌다. 한국어에서 부정 표현은 의문문이 이루어지는 형식적인 요소로 취급되지 않지만 '부정 의문문'에 관한 다양한 연구에 의하면 부정 표현은 의문문의 다양한 기능을 수행하는 중요한 문법적 요소로 인정된다는 것을 알 수 있다. 한국어에서 부정 표현은 단독적으로 의문문을 이룰 수 없지만 의문문의 비의문 기능을 이루는데 완화장치나 강조장치로 많이 쓰인다. 한국어에서 부정 표현만으로는 의문문을 이루지 못하고 다른 문법적 요소와 같이 공기해야 의문문의 기능을 수행할 수 있기 때문이다. 이와 달리 중국어에서는 부정 표현과 다른 문법적 요소를 공기하여 의문문의 기능을 수행하는 경우도 있고, 부정 표현으로 이루어지는 통사구조만으로 의문문이 형성되어 기능을 수행하는 경우도 있다. 한국어에서 부정 표현은 의문문을 이루는 형식적인 요소로 잘 취급하지 않지만, 중국어에서 부정 표현

---

15) 체언적 의문사는 문장에서 주어, 목적어로 쓰는 의문사를 가리키고, 용언적 의문사는 술어나 보어로 쓰는 의문사를 가리키며 수식적 의문사는 부사나 관형어로 쓰이는 의문사를 가리킨다.

은 의문문을 이루는 형식적인 요소로 취급한다. 특히 부정사 '不과 '没(有)'로 이루어진 통사구조 'X不(X)', '술어+ 没(有)'는 의문문을 이루는 대표적인 통사구조로, 부정 표현은 중국어 의문문을 이루는 중요한 수단이 된다. 따라서 다른 요소 없이 부정 표현만으로 의문문을 이룰 수 있다. 그러나 교재에서 부정 표현과 의문문의 관계를 명시적으로 제시하지 않기 때문에 의문문에서의 부정 표현 사용에 오류가 발생할 가능성이 있다.

4 ▨ 한국어 선어말어미 '-겠-'과 중국어 양태동사의 대조·분석

한국어 선어말어미 '-겠-'과 중국어의 양태동사는 모두 관용적인 양태 표현이고 의문문과 함께 공기하여 추측 기능과 의향 기능을 주로 수행한다. 중국어 양태동사는 주로 동사, 형용사 앞에 사용되지만 한국어 선어말어미 '-겠-'은 주로 동사 어간 뒤에 사용된다. '-겠-'은 중국어의 여러 양태동사와 대응할 수 있다. '-겠-'은 중국어의 여러 양태동사와 대응할 수 있으나 엄격한 일대일의 대응관계는 아니다.

> (25) 전화번호를 좀 알려주시겠어요?
>   (您能告诉我您的电话号码吗?)
>   (您可以告诉我您的电话号码吗?)
>   (您能不能告诉我您的电话号码吗?)
> (26) 你可以把窗户关上吗?
>   (창문을 좀 닫아 주실래요?)
>   (창문을 좀 닫아 주시겠어요?)

한국어 '-겠-'과 중국어 '要'는 대체로 추정과 의지를 나타낼 때 쓰인다. 위의 예문(25)를 중국어로 번역할 때 선어말어미 '-겠-'이 적어도 '能', '可以', '能不能' 세 가지 형태로 번역될 수 있다. 이와 유사하게 예문 (26)을 한국어로 번역할 때 양태동사 '可以'는 종결어미 '-(으)ㄹ래요'나 선어말어미 '-겠-'과 대응되는 것이다. 위의 예문을 통해서 알 수 있듯이 한국어 선어말어미 '-겠-'과 중국어 양태동사의 대응관계는 복잡하고 일대다의 관계이다. 선어말어미 '-겠-'과 중국어의 양태동사는 모두 양태 표현이므로 서로 대응할 수 있는 경우가 많다.

중급 한국어 학습자들은 이미 어느 정도 언어 지식을 배웠으므로 명제를 표현하는 데 큰 지장이 없지만 화자의 미세한 심리적 태도를 적절하게 표현하는 데는 아직 부족함이 많다. 의문문을 통해서 화자의 '모름'과 청자에 대한 요구를 표현하는 단계에서 상황에 맞게 화자의 미세한 심리적 태도를 표현하는 단계로 이동하는 과제가 남았다.

5 한국어 의문형 서법부사와 중국어 어기 부사의 대조·분석

부사는 의문문을 이루는 형식적인 요소로 보지 않지만, 의문문의 비의문 기능을 확정해주는 표지라고 할 수 있다. 한국어와 중국어 의문문에서 이 같은 부사가 없어도 그 기능을 수행할 수 있지만 의문 부사를 공기하면 문장의 기능이 훨씬 더 뚜렷하게 실현된다. 아래 예(27), (28)은 어휘적으로 대응하는 경우다.

(27) 我这么大年纪了, (难道)还会说谎吗?
내가 이렇게 나이를 먹었는데 (설마) 거짓말 따위를 하겠습니까?

(28) 你到底给不给他打电话?

　　너 (도대체) 그에게 전화를 할거야 말거야?

　　이처럼 부사는 의문문을 이루는 형식적인 요소가 아니라 비의문 기능을 확정해주는 표지라고 할 수 있다. 의문문의 다양한 기능을 수행하는 데에 있어 중국어에서 쓰는 부사와 한국어에서 쓰는 부사가 다르다. 추측 기능을 수행하는 의문문을 예로 들면, 한국어에서는 '혹시', '설마'가 자주 함께 사용되지만, 중국어에서는 '莫非', '难道'가 자주 함께 사용된다.

⑥ 한국어 구문 표현과 중국어 통사구조의 대조·분석

　　일반적으로 여러 문법적 요소로 이루어진 한국어 구문 표현과 중국어 통사구조는 생산성이 높고 다양하다는 공통점이 있다. 하지만 복잡한 형태를 가지는 한국어 구문 표현이나 중국어 통사구조는 서로 대응하는 형태가 많지 않고 차이점도 크다. 교착어인 한국어는 어간과 어미로 구문 표현이 이루어지고, 고립어인 중국어는 허사와 실사가 결합된 어휘 수단으로 통사구조가 이루어진다. 같은 어족이 아닌 한국어와 중국어는 구문 표현과 통사구조에서 큰 차이점을 보이며, 복잡한 형태를 가지는 한국어 구문 표현이나 중국어 통사구조는 서로 대응하는 형태를 찾기 쉽지 않다.

　　그러나 한·중 의문문의 다양한 기능을 실현하는 문법적 요소에 대한 대조를 통해서 알 수 있듯이 한·중 양 언어에서 이 같은 문법적 요소의 사용이 비슷한 점도 적지 않다. 하지만 위의 결과만으로는 부족하며 중국인 학습자들은 모국어 전이로 인해 적절한 문법적 요소를 선택하지 못할 가능성이 높다. 다음 장에서는 이를 이어, 설문 조사를 통해 한국인 모어 화자와 중국인 학습자들의 의문문 사용 실태를 점검해 보고 중국인 학습자의 의문문 구성 능력을 살펴보도록 하겠다.

3. 인지언어학 및 범주

우리가 살고 있는 세계에는 각양각색의 사물이 있는데 그 사물들은 서로 다르다. 하늘, 땅, 해와 같은 큰 사물이 있는가 하면 꽃, 나무, 세포 같은 작은 사물도 있다. 인간은 이 모든 사물을 분류하고 명명한다. 분류는 어찌 보면 인간들이 사물을 인식하는 기본 전제이기도 하다. '해, 달과 같은 다른 사물과 비교하여 변별도가 높은 사물은 명명하기 쉽지만 온도, 색깔과 같은 변별, 분류하기 어려운 사물도 있다. 또한 같은 사물은 다양한 기준으로 서로 다른 분류에 들어간다. 예를 들어 한 사람이 동시에 '여자', '어머니', '교사'일 수 있다. 도서관의 책을 분야별로 정리하고 분류해서 보존하는 것처럼 인간의 뇌도 정보를 분류해서 저장한다. 일상생활에서 우리는 사람이나 동물 등 사물을 분류한다. 이 같이 사물의 분류 과정을 '범주화(categorization)'라고 한다. 범주에 대한 연구는 오래전부터 시작해왔는데, 주로 '고전적인 범주 이론(The Classical Theory of Categories)'에서 '원형범주이론(The Prototype Theory)' 까지의 발전과정을 겪어 왔다.

아리스토텔레스(Aristotle)는 철학사에서 최초로 범주에 대해 체계적으로 해석한 학자인데 그의 논리학을 기초로 하여 '고전 범주 이론'이

설립되었다. 고전 범주 이론에 의하면 범주는 구성원들의 필요·충분 조건들의 연접에 의하여 구조화된다. 그리고 범주의 자질은 이원적이다. 즉 어떤 개체를 범주화할 때, 확인해야 할 문제는 그 개체가 어떤 속성을 지니고 있는가 또는 없는가의 문제다. 필요한 속성을 지니면 범주 성원이 되고 반대로 속성이 지니지 않으면 범주 성원이 아니다. 예를 들면, 2로 나누어 나머지가 없이 떨어진다는 속성을 지닌 수는 짝수이다. 이 같은 속성을 지니지 못한 수는 짝수가 아니고 짝수 범주에 속하지 않는다. 범주 이론은 수학, 물리, 화학 등 분야의 연구를 해석하는 데 통하지만 대부분의 자연현상이나 사회현상을 설명하는 데는 무력해 보인다. 고전 범주 이론이 모든 범주를 설명할 수 없다. 사람들은 그동안 계속 옳다고 믿고 있었던 '고전 범주'이론을 의심하기 시작하고 객관 세계의 특징을 더 명확하게 드러내 주는 범주 이론을 찾기 시작했다. 그의 결과물로 '원형 범주 이론'을 제기하게 된다.

원형 범주 이론은 두 단계를 거쳐서 확립된다. 첫 단계는 비트겐슈타인(Wittgenstein)이 제기한 '가족유사성(Family Resemblance Theory)'이론이고 두 번째 단계는 라보프(Labov)와 로슈(Rosch)가 '가족유사성 '원리의 기초에서 제시한 '원형 범주'이론이다. Wittgenstein은 'game'범주를 통해서 '가족유사성'이론을 설명했다. 그는 'game'범주의 구성원을 열거하면서 'game'범주가 구조화된 기초는 '고전적 범주' 이론에 제시한 '모든 성원이 공유된 충분조건에 만족하는 것'이 아니라 구성원 간의 유사성에 의해 구조화된다고 주장했다. 범주 내의 일부 구성원은 같은 속성을 공유하는 동시에 다른 일부 구성원은 다른 공통 속성을 지니고 있다. 모든 구성원이 공통적으로 지니며, 또한 그 구성원들만이 지니는 공통적인 속성은 없으며 심지어 어떤 구성원들이 다른 어떤 구성원들과 실제적인 공통점을 전혀 지니지 않을 수도 있다. 그러나 위와 같은 특징은 범주의 의사소통상의 유용성을 전혀 방해하지는 않는다(John. R 1999:46). 비트겐슈타인(Wittgenstein)의 가족 유사성 원리는 많은 학자들에게 주목을 받았다. 특히 라보프(Labov)와 로슈(Rosch)는 고전 범주 이론에 대한 질의를 제출하면서 시험을 통하여 '가족유사성' 원리를 바탕으로 '원형 범주' 이론을 제출하고 '범주'란 개념을 설득력 있게 해석했다.

'원형 범주' 이론에 의하면 범주는 구성원들이 공유된 충분조건으로 세운 것이 아니고 범주 구성원들의 특징을 제일 많이 가지는 원형 및 원형과 유사성을 가지는 주변 구성원, 그리고 모호한 경계로 이루어진 것이다. 즉, 범주가 이루어지는 데에는 '원형, 주변 구성원, 경계' 세 개의 요소가 필요하다. 원형은 범주의 전형적이고 핵심적인 구성원으로서 그렇게 명확하지 않은 사례들을 범주화하기 위한 참조점 역할을 한다. 주변 구성원은 원형과의 유사성 정도에 의하여 범주에서의 위치가 달라지고 전형적인 구성원에서부터 주변적인 구성원까지 범주화되면서 그들이 지니는 가족유사성은 점점 감소한다.

본고는 인지언어학자들의 원형에 대한 논의를 정리하여 원형의 특징을 '모호성', '개방성', '유사성', '향심성'의 4가지로 귀납했다.

첫째, 원형 범주는 '모호성'의 특징을 가지고 있다. 라보프(Labov) (1973)의 실험에서 잘 알려진 '컵' 범주화 실험으로 범주의 모호성을 살펴보겠다.

<그림 9> 원형[16]

위의 <그림 9>에서 보여준 것과 같이 라보프(Labov)가 피실험자에게 형태와 크기가 다른 용기를 보여주고 '컵, 머그잔, 사발, 꽃병'에서 그림과 가장 어울리는 이름을 대도록 요구했다. 실험 결과는 피실험자들은 만장일치로 '그림 1'을 '컵'이라고 말했다. 그리고 원형과 차이가 많이 날수록 '컵'이라고 말하는 사람은 점점 감소하고 반대로 '사발'이나 '꽃병'이라고 말한 사람은 증가했다. 범주화는 또한 피실험자들에게 그릇에 다른 종류의 물건이 들어 있다고 상상하도록 요구했을 때도 영향을 받았다. 만일 그릇들에 뜨거운 커피가 들어 있다면 컵이라고 반응하는 경우가 증가하고, 꽃을 꽂는다면 꽃병이라고 반응하는 경우가 증가했다. 고전적 이론의 기대와는 반대로, 컵과 사발, 꽃병 사이의 어떤 명확한 경계선도 없었다. 오히려 한 범주가 점진적으로 다른 한 범주 속으로 흡수되었다. 즉, <그림 10>처럼 인접한 범주는 서로 중첩되고 삼투한다.

---

16) <그림 9>와 <그림 10>은 진충(2006:64~65)에서 인용했다.

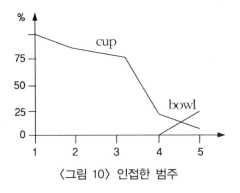

〈그림 10〉 인접한 범주

둘째, 원형 범주는 '개방성'의 특징을 가지고 있다. 범주의 개방성은 범주 경계의 모호성과 밀접한 관계가 있다. 범주 경계가 모호하므로 범주의 범위를 넓히거나 줄일 가능성이 생긴다. 따라서 범주 구성원도 변한다. 결과적으로 범주가 개방성을 가지게 된다. 이같이 범주의 개방성은 한쪽으로는 범주 경계가 모호한 결과이고 또 한쪽으로는 '인지의 경제적인 원칙'에 만족하는 것이다.

레이코프(Lakoff)(1987)는 비트겐슈타인(Wittgenstein)의 '게임(game)' 범주를 논평할 때 '게임' 범주의 경계가 개방적이라고 지적한 바 있다. 90년대부터 'Video game'이 나타나고 'game'범주의 신입 구성원으로 가입했다. 처음에 사람들이 이 새로운 사물에 대해 잘 몰라 'Video game'은 'game'범주의 주변적인 구성원이 되었고, 컴퓨터의 신속한 발전에 따라 'Video game'은 사람들에게 많이 알려지게 되어 'game'범주의 중심에 점차적으로 접근하고 'game'으로서의 전형성이 분명해졌다. 보다시피 범주의 개방성은 신입 구성원이 보다 쉽게 범주에 들어가며 범주의 주변적인 구성원이 되게 하는 동시에 범주의 구조가 많이 바뀔 필요도 없는 특징을 가진다. 이에 언어의 상대적인 안정성을 유지하게 된다.

셋째, 원형 범주는 '유사성'의 특징을 가지고 있다. 개체들은 원형과의 유사성에 의하여 범주의 구성원 자격을 얻게 되고 원형과 유사할수록 범주 내에서 더 중심적이다. 따라서 유사성은 모든 범주화 과정의 근거가 된다. 그러나 유사성이라는 개념은 두 가지 이유로 가장 난해한 심리적 문제 중의 하나이기도 한다. 그 이유는 먼저, 유사성은 정도에 관련된 개념이다. 두 사물이 어느 정도 유사해야 유사하다고 판단할 수 있고 같은 범주 성원으로 인정받을 수 있다. 다음으로 어려운 것은 유사성 또한 주관적인 개념이라는 것이다. 같은 사물이지만 사람의 심리상태, 가지는 정보, 과거 경험 등 주관적인 요인으로 원형과 많이 유사하다고 판단될 수도 있고 반대로 덜 유사하다고 판단될 수도 있다.

넷째, 원형 범주는 '향심성(向心性)'의 특징을 가지고 있다. 범주는 원형을 중심으로 가족유사성으로 연결된 망이다. 범주의 구성원은 범주망의 어떤 위치에 있든지 원형과 가까운 다른 구성원과 어느 정도의 유사성을 가지고 있다. 즉, AB-BC-CD-DE의 유사성으로 서로 연결이 된다. 이것이 바로 범주의 향심성이다.

위에서 제시한 특징의 구체적인 논의는 IV장에서 인지언어학의 원형 범주 이론과 범주의 특성으로 의문문 분류 체계를 검토하여 제시하고자 한다.

의문문 교육 연구를 위한 자료 분석론

1. 학습자의 의문문 사용 실태 분석

본 절에서는 한국인 모어 화자와 중국인 한국어 학습자들의 의문문 사용 실태를 살펴보기 위해 설문조사를 실시하였다. 설문 조사의 절차, 조사 대상의 정보, 설문 문항의 구성, 통계 분석의 방법에 대해 기술하였다. 본 설문 자료는 중국 내 한국어 학습자들의 의문문 활용 능력을 알아보고자 한다.

1.1. 설문 대상 및 조사 방법

본고는 중국 내 한국어 학습자의 의문문 활용능력을 알아보기 위하여, 예비 조사와 본 조사 두 단계로 나눠서 중국인 한국어 학습자의 의문문 사용 실태를 조사하였다. 설문 문항 적절성을 검증하기 위해 2013년 10월 한국에서 한국어를 배우는 중국인 학습자 10명과 한국인 모국어 화자 10명을 대상으로 예비 조사를 한 후 설문 문항을 수정·보완하였다. 예비 설문 조사는 설문 문항의 적절성을 검토하기 위하여 실시한 조사이기 때문에 조사 결과는 최종 통계에 넣지 않았다. 본 조사는 2013년 12월에 중국 내 한국어를 400시간 이상 배운 중·고급 한국어 전공 학습자 120명과 한국인 모어 화자 20명을 대상으로 하였으며 21문항으로 구성되었다. 구체적으로 유도 DCT[1] 과제에서 반영된 중국 내 한국어 학습자와 한국어 모어 화자의 의문문 사용 실태를 비교·분석하고 이를 통해서 양 집단의 조사 대상들이 같은 상황에서 선호하는 문법적 요소가 어떻게 다른지를 통계·분석하여 살펴보고자 한다.

1.2. 설문 내용 및 분석 결과

설문조사는 기초자료인 개인정보와 중국 내 한국어 학습자들의 의문문 사용 실태 조사 두 부분을 포함한다. 총 19문항으로 담화 완성형 테스트로 구성하고 항목별로 정리하면 다음 〈표 12〉와 같다.[2]

---

1) 담화 완성형 테스트(DCT, Discourse Completion Test)로 수집하고 양 집단 간의 유사점과 차이점을 제시하였다. 이 방법은 1989년 Blum-Kulka 외(1989)의 연구 후에 화행 연구에서 넓리 사용되기 시작되었으며 지금까지도 화행 연구에서 가장 많이 사용되는 연구 방법이다. DCT는 다시 진행 방식에 따라 쓰기 담화 완성형 테스트, 구두 담화 완성형 테스트 등으로 구분한다.
2) 이와 같은 설문에 근거하여 실시한 구체적인 설문조사 내용은 부록에 수록하였다.

<표 12> 한국어 학습자 설문지 문항 구성

조사 영역	문항 수	문항 내용
기초자료	4문항	성별, 연령, 학년, 한국어 등급
의문문 기능 항목 고찰	8문항	설문I. 기능별 의문문을 사용 의도 조사 의문문의 부탁 기능 (문항1) 의문문의 추측 기능 (문항2) 의문문의 의향 기능 (문항3) 의문문의 명령 기능 (문항4) 의문문의 제보 기능 (문항5) 의문문의 제안 기능 (문항6) 의문문의 정표 기능 (문항7) 의문문의 확인 기능 (문항8)
	7문항	설문II. 의문문의 사용 실태 조사(문항 9~15)[3] 의문형 종결어미의 사용실태 의문사의 사용실태 부사의 사용실태 부정 표현의 사용 실태 선어말어미 '-겠-'의 사용 실태

설문조사는 크게 두 부분으로 나눠서 실시했다. 설문 I부분은 의문문을 사용할 가능성이 높은 상황을 설정하고 한국어 모어 화자 및 중국인 학습자들의 각 상황에서 기능별 의문문 사용 의도를 살펴볼 것이다. 그리고 설문 II부분은 의문형 종결어미, 의문사, 부사, 부정 표현, 선어말어미 '-겠-'을 중심으로 의문문의 구체적인 사용 실태를 살펴볼 것이다.

---

3) 기능의 실현은 여러 문법적 요소가 통합한 결과이다. 〈문항9~15〉는 어떤 특정 기능 실현 요소에 대한 조사는 아니다. 따라서 특정 기능 실현 요소와 일대일 대응 관계가 아니고 한 문항에 여러 요소와 관련이 있다.

설문 I부분은 주로 학습자들의 의문문 사용 의도에 대한 조사이다. 각 문항이 나타난 중국인 학습자와 모국어 화자의 의문문 사용 의도에 대한 통계 결과는 다음 〈표 13〉과 같다.

〈표 13〉 의문문의 사용 빈도 조사

기능 대상	문항1 부탁 기능	문항2 추측 기능	문항3 의향 기능	문항4 명령 기능
한국인 모어 화자	68%	75%	66%	46.2%
중국인 학습자	54.6%	62.5%	56%	12%

기능 대상	문항5 제보 기능	문항6 제안 기능	문항7 정표 기능	문항8 확인 기능
한국인 모어 화자	71%	36%	49%	78.6%
중국인 학습자	15%	16%	23%	75%

통계결과를 보면 중국인 학습자의 의문문 사용 빈도는 전체적으로 한국인 모어 화자보다 낮다. 또한 〈문항1〉, 〈문항2〉, 〈문항3〉, 〈문항8〉과 같은 부탁, 추측, 의향, 확인 기능 등은 상대적으로 의문문을 사용하는 빈도가 높고, 〈문항4〉, 〈문항5〉, 〈문항6〉, 〈문항7〉과 같은 명령, 제보, 제안, 정표 기능 등을 수행하는 의문문은 제한적으로 사용하여 사용 빈고가 낮다. 추측 기능, 의향 기능, 확인 기능은 화자의 발화 의도에 따라 구별이 되지만 청자에게서 대답을 구한다는 점에서는 일치하고 의문문의 기본 의미에서는 벗어나지 않았다. 중국어에서도 이와 같은 기능은 주로 의문문으로 수행하므로 한국인 모어 화자만큼 능숙하게 표현하지는 못하지만 의문문을 적극적으로 사용할 의도가 보인다. 중

국어에서 부탁 화행은 기사문(祈使句)4)으로 직설적으로 수행할 수 있지만 청자를 더 배려하는 목적에서 의문문으로 완곡하게 발화하는 경우도 많다. 그러므로 중국인 학습자는 한국어로 부탁 화행을 수행할 때도 모국어의 영향으로 인해 의도적으로 의문문을 사용했다. 사회언어학의 차원에서 보면 중국인은 직설적 화행을 선호하고 한국인은 완곡한 표현을 선호한다. 이것은 제보 기능, 제안 기능에 대한 설문 결과를 통해서 알 수 있다. 한국인 모어 화자는 의문문을 사용해서 완곡하게 청자에게 제보나 제안 화행을 수행하는 반면에 중국인 학습자는 평서문이나 기사문으로 직설적으로 발화하는 경우가 많다. 그리고 한국어는 의문문으로 명령 화행을 수행하고 화자의 의도를 강화시키지만 중국어는 의문문으로 명령 화행을 수행하는 경우가 드물다.

중국인 학습자와 한국인 모어 화자는 의문문 사용 의도가 다를 뿐만 아니라 구체적인 사용 양상도 다르다. 따라서 중국인 학습자의 구체적인 의문문 사용 양상을 살펴보면서 중국인 학습자들의 의문문 구성 능력을 보겠다.

1.2.2. '설문II'에 대한 실태 조사

〈문항9~15〉는 구체적인 의문문 사용 실태에 대한 조사이다. 의사소통 기능의 실현은 어떠한 특정 요소에 의해 실현된 것이 아니라 여러 문법적 요소에 의해 실현 되는 것이다. '설문II'부분에서 중국인 학습자와 한국인 모어 화자들의 의문문의 구체적인 사용 실태에 대한 분석을

---

4) 기사문은 중국어에서 기사구(祈使句)이라고 하고 '기원(祈願)'과 '사역(使役)'의 줄임말로 한국어에서 명령문과 청유문의 범주와 대응된다.

통해 중국인 학습자들이 의문문을 사용 시 발생하는 문제를 분석하고 학습자의 2차적인 의문문 교육이 어디에 초점을 맞춰야 될지 확인하여 교육할 내용을 마련하고자 한다.

① 〈문항9〉의 사용 실태 조사

〈문항9〉 하영은 할아버지와 버스를 타고 집에 가는 길이었다. 할아버지는 더워서 버스 창문을 열어 두셨는데, 추위를 잘 타는 하영이 창문을 닫으려고 한다. 이 상황에서 하영이가 할 말로 가장 적절한 말을 의문문으로 완성해 보세요.

☞ 하영: 할아버지, _____ (창문을 닫다)

〈문항9〉는 의문문으로 부탁 화행을 실현하는 상황이다. 실태 조사의 결과에 의하면 중국인 학습자들이 사용하는 의문문 구성 요소는 한국어 모어 화자와 상당한 차이가 있다. 한국인 모어 화자가 많이 사용하는 의문문 양상과 중국인 학습자가 선호하는 의문문 양상은 아래의 〈표 14〉로 정리했다.

〈표 14〉 〈문항9〉의 사용 실태 분석

한국인 모어 화자		중국인 학습자	
창문을 좀 닫아도 될까요?	40%	창문을 닫아도 돼요?/됩니까?	40%
창문을 좀 닫아 주실래요?	20%	창문을 닫아도 될까요?	17.8%
창문을 좀 닫아 주시겠어요?	20%	창문을 닫아 줄 수 있어요?	15.6%
창문을 좀 닫을 수 있어요?	6.7%	창문을 닫아도 괜찮아요?	11.1%
창문을 좀 닫아도 돼요?	4.3%	창문을 닫아 주실래요?	6.7%

의문문으로 부탁 화행을 수행하는 경우 한국인 모어 화자는 양보를 나타내는 통사구조 '-아/어/여도'와 상대방의 의향을 물어보는 의문형 종결어미 '-(으)ㄹ까요?'가 이루어지는 의문문 구조를 가장 많이 사용하고, 그 다음에 통사구조 '-아/어/여도'와 상대방의 의향을 물어보는 의문형 종결어미 '-(으)ㄹ래요?'가 통합된 형태를 많이 사용했다. 이에 비해 중국인 학습자는 구문표현 '-아/어/여도'와 단순 질문 기능을 수행하는 종결어미 '-아/어/여요', '-ㅂ니까/습니까?'의 통합 형태를 가장 많이 사용한 것을 알 수 있다. 한국인 모어 화자들이 많이 사용하는 의문문 형태와 중국인 학습자들이 많이 사용하는 의문문 형태를 대조한 결과 가장 뚜렷한 차이는 종결어미가 다르다는 것이다. 중국인 학습자들은 상대방의 의향을 물어보는 의문형 종결어미 '-(으)ㄹ까요?'보다 단순 질문 의미를 수행하는 종결어미 '-아/어/여요'나 '-ㅂ/습니까?'를 많이 사용한다. 그 원인은 이 두 개의 종결어미는 학습자가 가장 먼저 학습하는 의문형 종결어미이며 실생활에서도 많이 사용하기 때문이다. 그러나 대조언어학의 차원에서 모국어 전이의 영향도 보인다. 한국어에서 따로 의향 기능을 수행하는 종결어미 '-(으)ㄹ까요?', '-(으)ㄹ래요?'가 존재하지만 중국어에서는 상대방의 의향을 물어보는 의문 어기사와 단순히 상대방에게 질문할 때 사용하는 의문 어기사가 거의 같다.

(1) 你每天运动吗?　　　매일 운동해요?

(2) 喝咖啡吗?　　　　　커피를 드실래요?

(3) 把门打开吗?　　　　문 열어 드릴까요?

예문(1)은 단순 질문 기능을 수행하고 예문(2), (3)은 상대방의 의향을 알아보는 의향 기능을 수행한다. 한국어에서는 서로 다른 의문형 종결어미를 사용하지만 중국어에서는 완전히 같은 의문 어기사 '吗'를 사용한다. 중국인 학습자는 모국어의 영향으로 한국어의 의향 기능을 수행하는 의문형 종결어미와 단순 의문 기능을 수행하는 종결어미를 헷갈려서 사용하는 경우가 많다. 중국인 학습자들은 의향 기능을 수행하는 의문형 종결어미를 파악하는 데 오랜 시간이 필요하다.

② 〈문항10〉의 사용 실태 조사

〈문항10〉 창수가 누나와 함께 백화점에 가서 여자 친구인 수진에게 생일 선물을 하려고 원피스를 골랐다. 하지만 수진의 마음에 들지 않을까봐 걱정스럽다. 그래서 창수는 자신이 고른 원피스가 어떤지 누나에게 의견을 물어보고 싶다. 이 상황에서 창수가 할 말로 가장 적절한 말을 의문문으로 완성해 보세요.

☞ 창수: 누나, _____ (좋아하다)

〈문항10〉은 주로 학습자들이 상대방의 의견을 물어볼 때 의문문의 구성능력을 알아보기 위해 만든 문항이다. 같은 상황에서 한국인 모어 화자와 중국인 학습자들이 선호하는 의문문 구성 요소가 많이 다르다. 정리하면 〈표 15〉와 같다.

상대방의 의견을 물어볼 때 모어 화자와 중국인 학습자들이 선택하는 의문문 구성 요소에 상당한 차이가 있다. 한국인 모어 화자는 종결어미 '-(으)ㄹ까요'(50%)를 가장 많이 사용하였고, 그 다음으로 추측 표현 '-(으)ㄴ 것 같다'와 단순 질문 종결어미 '-어/아/여'로 결합해서 이루어진 '-(으)ㄴ 것 같아요?'(16.7%) 구문을 많이 사용했다. 이에 비해 중국인 학습자가 사용하는 표현은 다양하고 분포가 넓다. 형용사 '어떻다'와 단순의문 어미 '-아/어/여요'로 이루어진 구문 '어때요?'(28.8%)를 가장 많이 사용했고, 단순 종결어미 '-아/어/여요' 및 통사구조 '-다고

〈표 15〉〈문항10〉의 사용 실태 분석

한국인 모어 화자		중국인 학습자	
누나, 수진이가 이 원피스를 좋아할까요?	50%	이 원피스가 어때요?	28.8%
누나, 수진이가 이 원피스를 좋아할 것 같아요?	16.7%	*누나, 수진이가 이 원피스를 좋아해요?5)	18.6%
		*누나, 어떻게 생각해요?	11.9%
		누나, 수진이가 이 원피스를 좋아할까요?	6.8%

생각해요?'(11.9%)도 많이 사용했다. 이는 모국어의 영향을 많이 받은 결과이다. 중국어에서 상대방의 의견을 물어볼 때 '怎么样?'라는 구문을 많이 사용한다. 중국인 학습자는 한국어로 상대방의 의향을 물어볼 때도 모국어 영향으로 '怎么样?'과 대응하는 '어때요?'를 많이 사용하였다. '누나, 수진이가 이 원피스를 좋아해요?'의 비문은 앞에 〈문항10〉에서 설명했듯이 모국어 전이로 인해 중국인 학습자는 상대방의 의향을 물어보는 종결어미 '-(으)ㄹ까요?'와 단순 의문 기능을 수행하는 의문형 종결어미를 잘 구별하지 못했다. '누나, 어떻게 생각해요?'라는 구문은 문법적으로 비문이 아니지만 한국인 모어 화자들은 잘 사용하지 않는 발화이다. 중국어에서 〈문항10〉의 상황에서 '姐, 你觉得怎么样?'를 직접적으로 번역한 문장이다.

---

5) 논의상의 편의를 위해 필자가 중국인 학습자들의 구체적인 문법 오류를 수정했다. 그러나 의문문의 구성 요소를 잘못 사용하는 경우 학습자의 의문문 구성 능력을 파악하기 위해 고쳐주지 않고 비문 그대로 보여줬다. 본고에서 나머지 실태분석 예문도 이런 원칙대로 제시하겠다.

③ 〈문항11〉의 사용 실태 조사

〈문항11〉 학교에 갈 시간이 지났는데도 수미는 집에서 어정거리고 있었다. 그 모습을 본 어머니는 <u>화가 나서 수미에게 학교에 빨리 가라고 재촉하려고 한다.</u> 이 상황에서 어머니가 할 말로 가장 적절한 말을 의문문으로 완성해 보세요.

☞ **어머니: 너 계속 이렇게 어정거릴거야? _____? (학교에 가다)**

〈문항 11〉은 중국인 학습자들의 재촉 명령 화행을 수행하는 의문문 구성능력을 알아보기 위해 만든 문항이다. 한국어 모어 화자와 중국인 학습자가 많이 사용하는 의문문을 정리하면 아래 〈표 16〉과 같다.

〈표 16〉〈문항11〉의 사용 실태 분석

한국인 모어 화자		중국인 학습자	
학교에 안 갈 거야?		학교에 가지 않아?	
학교에 안 갈래?		학교에 늦지 않아?	21.4%
학교에 안 갈거니?	83.3%	*학교에 가고 싶어 하지 않아?	
학교에 (얼른) 안 가?		학교에 안 가?	17.9%
(빨리) 학교에 안 가니?		학교에 가기 싫어?	10.7%
학교에 언제 갈 거야?	16.7%	학교에 늦게 가도 괜찮아?/돼?	6.4%

부정 표현은 한국어 의문문의 다양한 의사소통 기능을 이루는 데 중요한 역할을 하지만 명령 화행을 수행할 때는 주로 단형 부정을 많이 사용한다. 〈문항11〉에 대한 실태 분석에 의하면 한국인 모어 화자는 83.3%는 부정사 '안'으로 이루어진 단형 부정을 사용해서 명령 화행을 수행했지만 중국인 학습자의 경우 단형 부정의 사용 빈도는 겨우 17.9%

밖에 안 된다. 그 대신에 장형 부정이나 구문 표현 '-기 싫다'를 많이 사용했다. 이외에 상황에 맞지 않은 다양한 비문도 많이 출현했다. 중국인 학습자들이 부정 표현을 사용하는 빈도수가 한국어 모어 화자보다 많이 떨어진다는 것은 중국인 학습자들이 의문문의 명령 화행 부정 표현의 역할을 잘 파악하지 못했기 때문이다. 부정 표현을 사용하더라도 장형 부정과 단형 부정을 구별하지 못해서 단형 부정 대신 장형 부정을 많이 사용했으며 모국어 화자는 재촉을 나타내는 부사 '빨리', '얼른'을 많이 사용하는 반면에 중국인 학습자는 부사를 사용해서 발화력을 강화할 줄 모른다는 결과가 도출되었다.

④ 〈문항12〉의 사용 실태 조사

〈문항12〉 동석은 보은과 성일의 여자 친구 외모에 대해 이야기하고 있다. 동석은 성일의 여자 친구가 참 예쁘다고 생각하지만 보은은 그렇게 생각하지 않는다. 아래의 대화를 적절한 의문문으로 완성해 보세요.

☞ 동석: 성일이의 여자 친구가 참 예쁘지?
☞ 보은: 그 여자가 _____? (예쁘다).

의문문의 기본적인 기능은 청자에 대한 제보 요구지만 〈문항12〉는 상대방에게 제보 요구를 하는 것이 아니고 화자의 주장을 의문문으로 강하게 표출한 것이다. 〈문항12〉처럼 한국인 모어 화자는 의문사를 부정사로 사용해서 선행 발화를 부인하고 자기의 주장을 강하게 표출하는 경우가 많다. 한국인 모어 화자와 중국인 학습자들이 많이 답한 답변을 정리하면 〈표 17〉과 같다.

<표 17> <문항12>의 사용 실태 분석

한국인 모어 화자		중국인 학습자	
그 여자가 예뻐?/예쁜가?	40%	그 여자가 예뻐?	8%
그 여자가 뭐가 예뻐?	20%	그 여자가 예쁘다고 생각해?	7%
그 여자 어디가 예뻐?	13%	그 여자가 예쁘다고?	6%
그 여자가 뭘 예뻐?	13%	그 여자 어디가 예뻐?	5%
그 여자가 예쁘다고?	6.7%	*그 여자가 정말/진짜 예뻐요?	5%
그 여자가 예쁘다고 생각해?	6.7%	*그 여자가 그렇게 예뻐요?	4%

<문항12>의 사용 실태를 보면 '그 여자가 정말/진짜 예뻐요?'와 '그 여자가 그렇게 예뻐요?'와 같이 문법적인 오류는 없지만 주어진 상황에 맞지 않는 답변이 많다. 중국인 학습자가 의문문으로 자기의 주장을 표출하는 데 많은 어려움을 느꼈다는 것을 알 수 있다. 한국어 모어 화자는 '뭐가', '뭘', '어디'를 두루 사용하는 반면에 중국인 학습자는 '어디'만 사용했다. 이것은 중국어에서도 의문사 '어디'와 대응하는 중국어 의문 어기사 '哪'로 부정적인 주장을 표출하는 데서 찾을 수 있다. 그 이외에 중국인 학습자들은 상대방의 생각을 확인하는 '-다고 생각하다', 상대방의 말을 재인용하는 '-다고'도 많이 사용했다. 이러한 두 표현도 같은 상황에 많이 사용하는 중국어표현 '你觉得那女孩漂亮?', '你说那女孩漂亮?'과 연관이 있다. 중국인 학습자는 모국어 전이로 한국어를 사용할 때도 중국어와 대응하는 의문문 형태를 선호한다는 것을 알 수 있다.

⑤ 〈문항13〉의 사용 실태 조사

〈문항 13〉 보라와 은상은 동창모임을 위하여 저녁 식사를 준비하고 있다. 음식을 넉넉히 준비했지만 보라가 혹시나 음식이 모자랄까봐 걱정이다. 아래의 대화를 적절한 의문문으로 완성해 보세요.

☞ 보라: 음식을 이렇게 넉넉히 준비했는데 _____. (모자라다)
☞ 은상: 그럼요, 걱정마세요. 넉넉할 거예요.

〈문항13〉은 화자가 자기의 걱정을 추측하듯이 상대방에게 묻는 상황이다. 한국인 모어 화자와 중국인 학습자가 사용빈도가 높은 답변을 정리하면 아래 〈표 18〉과 같다.

〈표 18〉 〈문항13〉의 사용 실태 분석

한국인 모어 화자		중국인 학습자	
모자라지 않겠죠?	55%	*좀 모자라지 않아요?	24%
모자랄까요?	36%	모자라면 어떻게 해요?	12%
모자라지 않을까요?	9%	*모자랄 것 같아요?	6%
		모자라지 않겠어요?	4%

〈문항13〉에 대한 실태 조사를 보면 모어 화자들은 추측을 나타내는 선어말어미 '-겠-'과 종결어미 '-지요?'의 통합 형태를 가장 많이 사용하고, 그 다음으로 추측을 나타내는 종결어미 '-(으)ㄹ 까요?'를 많이 사용했다. 중국인 학습자들은 이 두 가지 형태를 사용하는 빈도가 현저히 낮고 의문문을 많이 사용하지만 '좀 모자라지 않아요?'와 '모자랄 것 같아요' 등 같은 상황에 맞지 않은 의문문을 많이 사용했다. 중국인 학습자들이 많이 사용하는 의문문 형태는 '모자라면 어떻게 해요?'인데 이

문장은 가정을 나타내는 연결어미와 상대방의 의향을 물어보는 형용사 '어떻다', 종결어미 '-아/어/여요?'가 결합한 구문이다. 중국인 학습자들이 이 구문을 많이 사용하는 이유는 중국어에서 '不够的话怎么办?' 표현의 영향을 받은 것으로 추측할 수 있다. 실태 조사의 결과를 통해서 알 수 있듯이 중국인 학습자들은 양태를 나타내는 선어말어미 '-겠'과 의문형 종결어미의 통합 형태가 아직 익숙하지 않거나 잘 파악하지 못해서 발화에서 회피 전략을 사용한 것으로 유추할 수 있다.

⑥ 〈문항14〉의 사용 실태 조사

〈문항14〉 동석과 명철은 회사 동료이다. 어느 날 동석은 명철의 여동생이 예쁘다는 소문을 듣고 얼마나 예쁜지 궁금해서 명철에게 여동생의 사진을 보여 달라고 한다. 아래의 대화를 적절한 의문문으로 완성해 보세요.

☞ 동석: 명철 씨, 여동생이 _____? (예쁘다) 사진 좀 보여 주세요.

〈문항14〉는 제3자로부터 얻은 정보를 청자에게 확인해 달라고 하는 상황을 설정하고 이 상황에서 중국인 학습자와 모국어 화자의 의문문 사용 양상을 비교해 보았다. 한국인 모어 화자와 중국인 학습자가 사용 빈도가 높은 답변을 정리하면 〈표 19〉와 같다.

통계 결과를 보면 모국어화자와 중국인 학습자들은 모두 단순 의문 기능을 수행하는 종결어미를 가장 많이 사용한다. 그러나 확인 기능을 수행하는 의문형 종결어미에 대한 선택이 많이 다르다. 한국어 모어 화자는 종결어미 '-다면서요?'를 사용하지만 중국인 학습자들은 종결어미 '-지요?'를 많이 사용한다. '-다면서요?'와 '-지요?'는 모두 확인을 나

<표 19> <문항14>의 사용 실태 분석

한국인 모어 화자		중국인 학습자	
여동생이 그렇게 예쁘다며?	50%	여동생이 예뻐요?	48.1%
여동생이 예쁜가요?	25%	여동생이 예쁘지요?	22.2%
여동생이 예쁘나요?	12.5%	*여동생이 예쁘다고 해요?	14.8%
여동생이 예뻐요?	12.5%	여동생이 예쁘다면서요?	7.4%
		사람들의 말대로 여동생이 예뻐요?	2%
		여동생이 예쁘다고 들었어요. 정말 그렇게 예뻐요?	1%

타내는 의문형 종결어미이지만 내포된 의미가 다르다. '-다면서요?'는 화자가 다른 사람이나 청자에게서 들은 정보를 청자에게 확인해 달라고 하는 것이지만, '-지요?'는 화자 자신이 예상한 내용이나 판단을 청자에게 확인해 달라고 하는 것이다. 중국인 학습자들은 유사한 두 종결어미를 헷갈리기 때문에 잘못 사용했다. 그리고 조사결과에서 또 한 가지 주목할 만한 것은 중국인 화자가 간접 인용이 나타나는 '-다고 하다' 형태의 사용 빈도가 비교적 높다는 것이다. 이것은 학습자들이 <문항14>에 내포된 '제3자에게서 들은 정보'를 잘 파악했지만 정보를 어떻게 표출해야 될지를 몰라서 중국어와 대응하는 표현을 사용했기 때문이다.

⑦ <문항15>의 사용 실태 조사

<문항15> 혜연이와 하나는 이상형에 대해 이야기 하고 있었다. 혜연이는 모든 것이 완벽한 사람과 결혼을 꿈꾸고, 하나는 세상에 완벽한 사람은 없다고 생각한다. 아래의 대화를 적절한 의문문으로 완성해 보세요.

☞ **혜연**: 난 나중에 예쁘고, 착하고, 똑똑한 부자와 결혼할 거야.
☞ **하나**: 에이, 세상에 그런 사람이 _____? (있다)

〈문항15〉는 의문문으로 자기의 주장을 표출한 상황이다. 한국인 모어 화자와 중국인 학습자의 답변 분포가 분산적이고 서로 달랐다. 사용 빈도가 높은 답변을 정리하면 아래와 같다.

〈표 20〉 〈문항15〉의 사용 실태 분석

한국인 모어 화자		중국인 학습자	
그런 사람이 어디 있니?	25%	그런 사람이 있어?	33.9%
그런 사람이 있을까?	18.8%	그런 사람이 어디 있어?	17.9%
그런 사람이 있겠어?	18.8%	*그런 사람이 있다고 생각해?	12.5%
그런 사람이 있냐?	12.5%	그런 사람이 있겠니?	12.5%
그런 사람이 있나?	6%	그런 사람이 있냐?	10.7%
그런 사람이 있기 하냐?	6%	*그런 사람이 있으면 너랑 결혼할 수 있어?	7%
그런 사람이 있어도 너랑 결혼하겠냐?	6%	*그런 사람이 있을 수 있어?	5.4%

실태 조사의 결과에 의하면 주어진 상황에서 한국어 모어 화자와 중국인 학습자들은 모두 의문사 '어디'를 많이 사용해서 부정적인 주장을 표출한다. 같은 상황에서 중국어에도 한국어와 유사하게 의문 어기사 '哪'로 구성된 '哪有那样的人?'을 사용하니 모국어 영향을 어느 정도 받은 결과로 볼 수 있다. 한국인 모어 화자는 종결어미 '-ㄹ까요?'로 화자의 추측을 나타내지만 중국인 학습자의 답변에서 '-ㄹ까요?'로 이루어진

의문문이 거의 없고 주로 단순 의문 기능을 수행하는 종결어미 '-어/어/여요?'를 사용했다. 그 이유는 중국인 학습자에게 다양한 의도를 나타내는 종결어미 '-ㄹ까요?'는 어렵기 때문이다. 그리고 한국인 모어 화자보다 중국인 학습자는 선어말어미 '-겠-'의 사용 빈도가 떨어지고 대신에 구문 표현 '-다고 생각하다'와 '-ㄹ 수 있다'를 사용했다. 독립어인 중국어는 '-겠-' 같은 어미가 없고 주로 어휘 수단으로 양태를 나타내기 때문에 중국어에서 〈문항15〉같은 상황에 많이 사용하는 어휘를 번역해서 사용한다. '-다고 생각하다'는 중국어에서 '你觉得会有那样的人吗?'의 동사 '觉得'의 번역이고 '-ㄹ 수 있다'는 '会有那样的人吗?/有那样的人的话, 会跟你结婚吗?'의 양태동사 '会'의 번역이다.

1.2.3. 설문 조사 결과에 대한 분석 정리

앞에서 항목별로 설문 조사의 결과를 분석했는데 이절에서는 설문조사에 대한 전반적인 분석을 통해서 중국인 학습자들이 의문문 활용에서 나타난 문제점을 살펴보겠다. 중국인 학습자들의 의문문 사용 실태와 한국인 모어 화자의 의문문 사용 실태에 대한 대비·분석에 의하면 학습자들은 의문문의 사용에서 주로 아래의 몇 가지 문제가 있다.

첫째, 의문문의 다양한 의사소통 기능을 상황에 맞게 사용하지 못한다. 설문 조사 I부분은 의문문을 사용할 가능성이 높은 상황을 설정하고 한국인 모어 화자 및 중국인 학습자들이 각 상황에서 의문문을 사용할 의도를 살펴봤는데 중국인 학습자들이 의문문을 사용할 의도는 한국인 모어 화자보다 낮다는 것을 알 수 있었다. 한국인 모어 화자에 비해 중국인 학습자는 직설적인 표현을 더 선호하고 의문문으로 의문

이외의 의도를 표출하는 데 서투르다. 주어진 상황에서 자기의 의도를 표현할 수 있지만 적절하게 표현하지 못하고 있다. 의문문으로 간접적으로 다른 화행을 수행하면 더 복잡한 사고과정이 필요하기 때문에 의문문의 다양한 의사소통 기능을 다 파악하지 못하는 학습자는 의문문으로 완곡하고 강하게 자기의 의도를 표현하는 것이 어렵다.

둘째, 부분 의문형 종결어미 간의 구별이 잘 안 된다. 종결어미를 구별 못하는 원인은 주로 두 가지로 귀납할 수 있다. 첫째, 모국어에서 차이가 없는데 목표어에서 차이가 나는 경우, 〈문항9〉에 대한 분석에서 언급했듯이 중국인 학습자들은 모국어 영향으로 단순 의문 기능을 수행하는 종결어미 '-아/어/여요'와 의향 기능을 수행하는 종결어미 '-ㄹ까요'를 구분하지 못해서 상대방의 의향을 물어볼 때 '-아/어/여요'를 많이 사용한다. 이런 경우 학습자가 모국어의 영향으로 당연히 그러려니 판단하고 목표어를 모국어처럼 사용하기 때문이다. 둘째, 목표어에서 기능이 유사한 여러 종결어미의 미세한 차이를 파악하지 못해서 종결어미를 잘못 사용하는 경우이다. 예를 들면 중국인 학습자들이 상대방에게서 확인을 요청하는 종결어미 '-다면서', '-지', '-다고요'를 헷갈려서 사용하는 경우가 많고 상대방의 의향을 물어볼 때 종결어미 '-ㄹ까요'와 '-ㄹ래요'를 혼동해서 사용하는 경우도 많다. 전자는 모국어와의 대조를 도입해서 양 언어 간의 차이를 밝히면서 가르칠 필요가 있고 후자는 유사한 몇 개 종결어미의 대조를 통해서 차이점을 밝히면서 가르칠 필요가 있다.

셋째, 의문사를 부정사로 사용하는 경우에 익숙하지 않다. 의문사는 의문문의 여러 가지 의사소통 기능에서 두루 사용하지만 부정사로서는 〈문항12〉가 제시했듯이 주로 제보 기능과 같이 공기하고 화자의 주장을 나타낸다. 의문문의 제보 기능과 통합해서 가르칠 필요가 있다.

넷째, 의문문에서 부정표현의 사용은 오류가 많이 나타났다. 한국어의 대표적인 부정소는 부정의 의미를 가지는 부사 '아니(안)', 못, 그리고 부정 서술어 '아니하다(않다)', '못하다', '말다', '아니다'가 있는데 '말다' 부정표현은 주로 청유문과 명령문에서 사용되고 의문문에서 사용되지 않다. 의문문은 '말다' 이외의 부정표현과 같이 공기해서 여러 가지 의사소통 기능을 수행하며 의사소통 기능에 따라 같이 공기되는 부정 표현이 달라진다. 〈문항11〉에 관한 분석에서 언급했듯이 재촉을 나타내는 명령 화행에서 한국인 모어 화자는 단형 부정을 많이 사용하는 반면에 중국인 학습자들은 장형 부정을 많이 사용한다. 학습자들은 부정 표현과 의사소통기능 간의 공기 관계를 잘 파악하지 못하기에 부정 표현을 적절하게 선택해서 발화 의도를 표현하지 못한다. 본고에서 부정 표현을 의문문의 의사소통 기능과 결합해서 가르칠 필요가 있다고 보고 기능별로 부정 표현을 정리하고자 한다.

다섯째, 〈문항9〉, 〈문항13〉을 비롯한 여러 문항에 관한 실태 분석을 보면 중국인 학습자들은 '-겠-'의 사용 빈도가 한국인 모어 화자보다 현저히 낮다. 학습자들은 의사소통에서 양태를 나타내는 선어말어미 '-겠-'을 회피하고 대신에 다른 문법적 요소를 사용하는 경향을 보인다. 앞에서 한·중 대조 부분에서 분석했듯이 중국어의 양태동사는 선어말어미 '-겠-'과 대응하기 어렵다. 모국어에서 대응관계를 찾지 못하기 때문에 중국인 학습자들은 '-겠-을 잘 파악하지 못하고 중국어와 대응하는 어휘나 구문 표현을 많이 사용하여 '-겠-'의 사용에서 회피전략을 취했다. 또한, '-겠-'은 한국어 학습의 초급 단계에서 전형적인 시제 요소로 학습하기 때문에 학습자들이 선입견을 가져 '-겠-'의 주요 기능은 시제로 한정하고 '-겠-'의 다른 기능을 소홀히 한다. 따라서 본고에서는 의문문의 다양한 기능과 결합해서 '-겠-'의 양태 기능을 학습자에게 보여주면서 '-겠-'이 의문문의 다양한 기능에 이루는데 중요한 역할을 한다는 것을 보여주고자 한다.

여섯째, 의문문의 다양한 기능을 수행하는 데 부사가 빠지는 경우가 많다. 부사는 의문문이 다양한 기능을 이루는데 반드시 필요한 요소는 아니지만 화자의 의도를 명확하게 하는 보조적인 기능을 수행한다. 때로는 빠지면 안 되는 중요한 요소이기도 하다. 그러나 〈문항11〉, 〈문항13〉에 관한 실태조사에 의하면 중국인 학습자들은 의문문을 사용할 때 보조적인 역할을 하는 부사인 '빨리/얼른', '좀' 등이 주로 생략된다. 본고는 화자의 발화 의도를 더 명확하게 해 주는 부사도 의문문 교육의 내용에 보충하고 기능에 따라 많이 사용하는 부사를 학습자에게 제시하고자 한다.

일곱째, 의문문으로 어떠한 의사소통 기능을 수행할 때 같이 공기되는 구문 표현에 대해 잘 파악하지 못한다. 〈문항13〉 같은 부탁 화행을 수행할 때, 양보를 나타내는 구문 표현 '아/어/여 주다'가 같이 공기되는 경우가 많은데 중국인 학습자가 '아/어/여 주다'의 사용 빈도가 상대적으로 낮다. 이 같은 의문문의 의사소통 기능을 실현하는데 많이 공기되는 구문 표현도 의문문의 기능과 통합해서 가르칠 필요가 있다고 본다.

의문문의 화용 능력을 신장 시키려면 먼저 의문문의 다양한 의사소통 기능을 가르칠 필요가 있다. 그 다음에 기능에 따라 의문문의 기능 실현 요소를 살펴볼 필요가 있다. 위에 논의한 문제점을 맞춰서 Ⅵ장에서 의문문의 2차적인 교육 내용을 마련하고자 한다.

2. 한국어 교육에서의 의문문 교육

2.1.『정독(精讀)』교재의 의문문 교육 내용 분석

앞에 언급한 것과 같이 본고는 이미 한국어 의문문에 대해 일정한 지식을 가지고 있는 중국인 중·고급 학습자들을 대상으로 의문문의 2차적인 교육을 실시하는데 목적이 있다. 구체적으로 말하면 중국 내 한국어 전공 학습자들의 전공 수업인 문법 수업에서 기능 중심으로 의문문을 다시 체계적으로 교육할 계획이다. 이런 반복적인 교육을 통하여 학습자들을 의문문을 더 깊이 이해하게 하고 의문문의 다양한 기능을 잘 활용해서 상황에 맞게 의도를 표출하도록 한다. 이 같은 체계적인 의문문 교육을 검토하기 전에 먼저 학습자들이 의문문에 대해 어느 정도 인지하고 있는지 살펴볼 필요가 있다. 이를 위해서는 먼저 중국 현지에서 사용하고 있는 한국어 정독 교재에서 의문문 교육이 어떻게 이루어지고 있는지를 살펴보겠다. 본 절에서는 한국어 통합교재에서 의문문 관련 교육 내용을 어떤 방식으로 제시하고 있는지, 어떤 기능을 기술하고 있는지를 살펴보고 이에 의하여 "문법"수업에서 체계적인 의문문 교육의 가능성과 필요성을 검증하고자 한다.

통합교재는 중국에서 '정독(精讀)' 수업에서 사용하는 것으로『정독(精讀)』교재라고 한다. 중국에서 출판된 한국어 교재에서 전공학습자를 위한 정독 교재는 주로 11가지가 있고〈표 21〉로 정리했다. 정독 교재는 크게 중국의 대학교에서 편찬된 현지 교재와 한국대학교 언어교육기관에서 편찬된 수입 교재로 나눌 수 있다. 현지 교재는 2000년 이후에 많이 나왔지만 아직 편찬 작업 중인 교재도 꽤 있다. 초급부터

<표 21> 분석 대상 한국어 교재 목록

	소속	교재명	저자	출판년도	권수	완성상태	원출판지
1	연변대	韓國語	崔羲秀 외	2001~2003	초급2권, 중급2권, 고급2권	완성	중국
2	북경대	韓國語	李先漢 외	2001~2004	1~4	완성	중국
3	산동대	大學韓國語	牛林杰 외	2009~2010	1~6	완성	중국
4	대련외대	現代韓國語	潘燕梅	2005~2006	초급2권	미완성	중국
5	복단대	韓國語	姜銀國 외	2005~2008	초급2권, 중급1권	미완성	중국
6	廣州外語外貿大學	韓國語敎程	全永根 외	2008	초급2권, 중급2권	미완성	중국
7	길림대	標準韓國語	尹允鎭	2006~2008	초급2권 중급2권	미완성	중국
8		標準韓國語	25개 대학교 공적	1996~2000	1~3	미완성	중국
9	연세대	韓國語敎程	연세대학교 한국어학당	2007	1~6	완성	한국
10	서강대	韓國語基礎敎程	서강대학교 한국어학당	2008~2009	1~6	완성	한국
11	경희대	新標準韓國語	경희대 한국어학당	2005~2006	초급2권, 중급2권, 고급2권	완성	한국
12	서울대	韓國語	서울대 언어교육원	2008~2009	1~4	완성	한국

고급까지 같은 기관이 편찬된 교재를 가지고 수업하는 대학교도 있고 단계별로 여러 기관이 편찬된 교재를 혼용해서 수업하는 대학교도 많다. 본문은 체계적인 연구를 위해서 출판된 교재 중에 초·중·고 세 단

계 편찬이 완성된 교재 7가지를 선택해서 연구대상으로 한다. 즉, 연변대, 북경대, 산동대, 연세대, 서강대, 서울대, 경희대 교재를 대상으로 『정독(精讀)』수업에서 의문문의 교육 실태를 분석하고자 한다.

『精讀』 교재는 의문문에 관한 제시부분에서 주로 '문법 및 표현' 부분이나 이에 해당하는 부분을 위주로 제시하고 있고, 의문문의 다양한 기능을 수행하는 문법적 요소에서는 종결어미와 의문사를 위주로 기술되어 왔다. 선정된 교재에서 의문문 관련 제시 항목의 단계별 분포 양상 및 기능별 분포 양상은 다음과 같다.

2.1.1. 의문문에 관한 표현 항목의 단계별 분포 양상

한국에서 편찬된 교재는 주로 학습자의 수준으로 초, 중, 고급 3단계로 구분되어 있으며, 단계별로 2권씩 총 6권으로 구성되어 있다. 이 같은 교재 등급 체계는 학습자의 수준을 고려해서 한 분류이다. 중국에서 편찬된 교재는 이처럼 학습자의 수준에 따라 편찬한 경우도 있고 학년별에 따라 교재를 4권으로 구성하는 교재도 있다. 이것은 4년제의 교육 과정과 대응하는 것이다. 선정된 교재에서 의문문 관련 제시 항목의 단계별 분포 양상은 〈표 22〉와 같다.

〈표 22〉의 통계를 보면, 각 교육 기관이나 권수에 따라 의문문의 제시 횟수의 차이가 있지만 의문문에 관한 표현 항목을 분석한 결과 50% 이상은 초급에서 제시되고, 40% 이상은 중급에서 제시되고 있다. 초·중급 교재에서 의문문에 관한 제시는 주로 의문형 종결어미 위주로 제시되어 있으나, 고급 교재에서는 다양한 문법적 요소로 이루어진 '구문 표현'의 형태로 많이 제시되어 있다. 그리고 초·중급 교재에서 의문문

<표 22> 의문문에 관한 표현항목의 단계별 분포

	대학기관	초급		중급		고급		통계
		1권	2권	3권	4권	5권	6권	
1	연변대	7	5	3	1	1	0	17
2	북경대	15	3	8		1		27
3	산동대	15	3	5	3	1	0	27
4	연세대	8	5	6	6	3	1	29
5	서강대	16	3	2	5	1	0	27
6	경희대	6	1	3	3	7	2	22
7	서울대	7	3	5		2		17

에 관한 형태적, 통사적 내용에 초점을 둔 반면에, 고급 교재에서는 의문문에 관한 화용론적 내용에 초점을 맞추고 있다.

2.1.2. 의문문에 관한 표현 항목의 기능별 분포 양상

교재에서 의문문에 관한 표현 항목은 단계성에 따라 다를 뿐만 아니라 기능별에 따라 그 양상도 다르다. 다음으로 교재에서 의문문의 기능별 제시에 관한 통계를 살펴보면 〈표 23〉과 같다.

<표 23> 교재에서 의문문 표현항목의 기능별 분포 양상

		연변대	북경대	산동대	연세대	서강대	경희대	서울대	합계
단순의문		7	13	5	11	16	7	11	79
의향		5	2	4	2	3	2	4	25
추측		2	1	2	×	1	1	1	9
확인		2	6	2	4	3	3	5	29
제보	강조적	×	2	×	6	×	2	×	14
	완곡한	×	2	1	×	1	×	×	4

지시	명령	×		×	×	×	×	×	0
	부탁	×	1	×	×	1	×	×	2
	제안	×	1	2	1	1	1	1	8
표정	감탄	1		×	×	×	1	×	2
	질책	×		×	×	×	×	×	0
	놀라움		2	1	2	×	1	×	6
인사		×	×	×	×	×	×	×	0
기타							1		

위의 기능별 제시를 빈도표로 바꿔서 나타내면 〈그림 11〉과 같다.

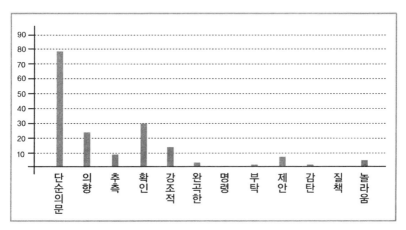

〈그림 11〉 교재에서의 의문문 기능별 빈도수

의문문의 기능별 분포 양상을 통해서 알 수 있듯이 초급 교재에서는 의문문의 의문 기능을 많이 다루었고, 고급 교재에서는 주로 의문문의 비의문 기능을 다루었는데 의문 기능의 하위 분류인 단순 의문 기능, 의향 기능, 추측 기능, 확인 기능을 많이 다룬 반면에 비의문 기능에 대한 제시는 찾기가 어렵다. 기능별 분포는 불균형적인 특성이 보인다.

현행 한국어 교재는 대부분 구조적 교수요목과 개념-기능 교수요목을 병행하여 지도하는 방식으로 편찬되었고, 의문문에 관한 내용도 형태·구조면과 기능면을 병행하여 제시하고 있다. 초·중급 교재에서 의문문에 관한 형태적, 통사적 내용에 초점을 둔 반면에, 고급 교재에서는 의문문에 관한 화용론적 내용에 초점을 맞추고 있다. 초급 교재에서는 의문문의 의문 기능을 많이 다루고, 고급 교재에서는 주로 의문문의 비의문 기능을 다룬다는 특징을 보인다. 통합교재는 난이도, 사용빈도, 주제와의 관련성 등 요소를 고려해서 의문문에 관한 표현 항목을 잘 선정하고 배열하지만 미진한 점도 있다. 정독 교재에서 의문문에 관한 제시는 주로 의문형 종결어미와 의문사에 초점을 두고 제시되었다. 의문문의 다양한 기능을 수행하는데 중요한 역할을 하는 부사, 부정 표현 등 요소에 대한 언급이 없다. 또한, 의문문의 의문 기능이 많이 노출된 반면에 비의문 기능은 교재의 '문법 제시'부분에서 주로 '구문 표현'의 형태로 제시되어 있거나 본문과 예문에서 설명 없이 제시되어 있다. 교재마다 제시된 의문문의 비의문 기능의 표현 형태는 많이 다르고 반복적인 제시가 거의 없고, 의문문의 다양한 기능 간의 차이점에 대한 언급도 찾기 어렵다. 의문문의 다양한 기능과 기능을 이루는 문법적 요소에 대한 제시가 부족한 탓으로 학습자들은 의문문에 대한 기초적인 지식은 파악하지만 의문문의 다양한 기능을 활용하는 전반적인 파악이 아직 부족하다. 따라서 학습자들에게 의문문을 기능 중심으로 체계적으로 정리할 필요성이 있다.

또 한편으로 각 교육 기관이나 권수에 따라 의문문의 제시 횟수의 차이가 있지만 교재에서 의문문에 관한 표현 항목을 분석한 결과 50% 이상은 초급에서 제시되고, 90% 이상이 중급까지 제시되고 있다. 고급 교재에서는 좀 더 어려운 의문 표현이 나오지만 주로 이미 배운 여러 가지 문법적 요소를 통합한 통사구조이다. 바꿔 말하면 4학기를 배운 한국어 학습자들은 의문문에 대해 상당한 지식을 가진 상태이다. 학습자의 수준은 체계적인 교수·학습의 요구에 만족하고 의문문을 체계적으로 교육할 수 있는 여건을 갖추고 있다.

2.2. '문법' 수업에서 체계적인 의문문 교육의 적합성

한 집단의 언어를 능숙하게 구사하기 위해서는 습득이든 학습이든 반복하는 과정이 필요하다. 외국어 교육의 효율성을 제고하기 위해서는 언어 지식을 한 번만 제시하는 것이 아니고, 나선형 접근이 필요하다는 것을 학계에서는 이미 인정하고 있다. 문법 수업에서 이미 배운 의문문 관련 지식을 의사소통 기능을 중심으로 다시 정리하면 의문문의 학습 효과를 향상시킬 수 있다.

한국 내 대학교에 다니는 학습자들은 보통 전공 학습의 교양과목으로 학점을 얻기 위한 목적으로 한국어를 배운다. 이들은 수업 시간도 제한되어 있고 수업 종류도 적은 편이다. 본고의 연구대상은 중국 내 4년제 대학교를 다니는 한국어 전공 학습자들이다. 이들은 수업 시간뿐만 아니라 수업 종류도 다양하고 아래 〈표 24〉에서 제시한 바와 같이 대부분 대학교 전공 수업으로 문법 수업이 개설되어 있다.

한국어 문법 수업은 중국 내 대학교의 한국어 전공 수업으로 보통 5~6학기에 개설되고 1~2학기를 걸쳐 개강한다. 4학기의 학습을 통해서 일정한 의문문 지식을 배우는 학습자들에게 있어서 5, 6학기는 의문문을 체계적으로 다시 정리하는 적절한 시기라고 볼 수 있다. 게다가

<표 24> 중국 내 대학교 한국어 문법 수업의 개설 현황

학교	수업명	과정분류	수강시간 (학기)	개설학기
상해외대	조선어문법	전공필수	1	6
연변대학	조선어문법	전공필수	2	6~7
대련외대	한국어문법	전공선택	1	4~6
사천외대	조선어문법	전공선택	1	7
복단대학	한국어 문법론	전공선택	2	5~6
광동외어외무대	조선어 문법 및 어휘	전공선택	1	5
산동대학교	한국어문법	전공필수	1	4

통합교재는 난이도, 사용빈도, 주제와 관련성 등의 요소를 고려해서 문법 항목을 선정하고 배열하는 장점이 있는 반면에 관련 문법 항목을 체계적, 연속적으로 제시하지 못하는 단점도 있다. 이와 반대로 문법 교재에서는 관련 문법 항목을 같은 주제 내에 묶어서 집중적으로 다루고 체계적으로 제시할 수 있는 장점이 있다. 이처럼 관련 문법 항목의 유사점과 차이점의 대비를 통해서 문법 항목 간의 상관성과 구별이 더 뚜렷하게 보인다. 따라서 체계적으로 짜인 의문문 교육이 이루어질 수 있는 수업 환경으로 볼 수 있다.

의문문은 문법의 큰 범주로서 문법 교재에서 빠지지 않고 수록하는 내용이지만 대부분 외국인 한국어 학습자를 대상으로 한 문법 교재에서는 통합 한국어 교재에서 제시된 문법 항목을 범주화하여 형태·구조적 특징대로 나열하고 설명하는 작업만 했다. 교사가 이런 문법 교재를 가지고 수업 내용을 구성하면 배운 문법 항목을 다시 복습하는 것처럼 학습자의 관심을 끌기가 어렵고 좋은 학습 효과를 거두지 못한다.

본 연구는 문법 수업에서 학생들에게 이미 배운 문법 항목을 새로운 시각에서 바라보고 좋은 예문을 통해 의문문의 기능을 중심으로 다시 체계적으로 학습해 보자는 연구다. 즉, 기능을 중심으로 의문문을 체계적으로 정리하고 문법 수업에서 학습자에게 의문문을 화용적 차원에서 교육하는 교수·학습 방법을 모색하는 것이다.

중국인 학습자를 위한
한국어 의문문 연구

의사소통 기능을 중심으로 한 의문문 교육 내용

본 장에서는 기능 중심으로 의문문 교수·학습의 내용을 체계적으로 구축하고자 한다. 인지언어학 시각으로 의문문에 대한 분류 체계를 세워 논의의 기본 틀로 삼고 제시된 의문문 체계를 바탕으로 하여 의문문의 교육 내용을 구안하기 위하여 기능별로 의문문의 기능 실현 요소를 살펴보고자 한다.

1. 의문문 교육 내용의 체계화

1.1. 범주이론에 의한 의문문 검토

기존 의문문에 대한 분류는 학자에 따라 많이 다르지만 몇 십 년의 연구를 통해서 풍성한 연구 성과를 얻었다. 한국어 의문문에 대한 분류는 일차적으로 의문 기능을 수행하느냐 수행하지 않느냐에 따라 '일반 의문문'과 '특수 의문문'으로 분류하는데 많은 학자들로부터 공감을 받았다. 화행이론으로 해석하면 직접 화행을 수행하는 의문문은 일반 의문문이고 간접 화행을 수행하는 의문문은 특수 의문문이다. 그러나 2차적인 분류는 학자에 따라서 차이가 많이 나타난다. 이창덕(1992)은 기존의 의문문 분류는 학자들에 따라 많은 차이가 있을 뿐만 아니라 분류의 기준이 일정치 않거나 애매한 경우가 많다고 했는데 사실 인지언어학의 시각으로 분석해 보면 서로 다르게 보이는 기능 분류는 같은 인지 기준이 들어 있다.

　범주가 이루어지는 데는 '원형, 주변 구성원, 경계' 3개 요소가 필요한데 이중에 '원형'이 제일 핵심적인 요소이다. 범주는·주로 원형 구성원에 의하여 범주화된다. 원형은 범주의 중심에 있고 범주의 理想値를 갖는다. 다른 범주와 구별되는 특징은 분명하고 사람들이 보다 빈번하게 접촉한 범례이다. 의문문이라는 범주도 구성원들의 특징을 가장 많이 갖는 원형 및 원형과 유사성을 가지는 주변 구성원으로 이루어진다. 의문문의 분류를 잘 이해하려면 먼저 의문문의 원형 범주를 살펴볼 필요가 있다.

1.1.1. 의문문의 원형

　원형은 다른 범주 구성원을 확인하는 중심점이 되고 범주를 세우거나 식별하는 가장 중요한 기준이 된다. 원형이 없으면 범주가 없다고 말해도 과언이 아니다. 의문문 분류에 대한 선행 논의에서 일반 의문문(보통 의문문, 기본의미를 가진 의문문)에 반드시 포함되는 의문문 유

형이 있는데 이 유형은 아래의 특징을 가지고 있으며, 의문문의 원형이
라고 할 수 있다.

① 형태적 측면: 선행발화를 반복하지 않음.
② 기능적 측면: 未知 정보에 대한 제보 요구.

형태적인 측면에서 볼 때 원형이 되는 의문문은 선행발화 내용을 반
복하지 않는다는 점에서 일치한다.

(1) 가: 경옥이가 다음 주에 미국에 간대요.
    나: 경옥이가 미국에 간다고?

예문(1)을 보면 청자가 선행 발화 내용을 반복해서 질문을 다시 한
것이다. 이 같은 의문문은 국어학에서 반복 의문문(서순희, 1992), 되받
음 질문(1996), 메아리 의문문(이익섭·채완, 1999)이라고 하며 학자에
따라 일반 의문문으로 분류한 경우도 있고 특수 의문문으로 분류한 경
우도 있다. 형태적 기준에 의하여 이 같은 선행 발화 내용을 반복하는
의문문은 의문문 원형 범주에서 제외한다.

기능적인 측면에서 볼 때 원형이 되는 의문문은 미지 정보에 대한
제보 요구라는 점에서 일치한다. 선행 연구에서 일반 의문문 범주에 들
어 있는 의문문은 이 같은 기능적 특징을 가지고 있다. 의문 기능을 구체
적으로 해석하면 화자가 청자에게 未知나 未盡 정보를 구하는 기능을
말한다. 未知란 화자가 정보에 대해 전혀 모르는 상태이고, 청자의 대답
을 예상이나 짐작할 수가 없다. 未盡이란 화자가 일부 정보를 가지고
있으므로 청자의 대답을 어느 정도 짐작하고 있다는 것이다. 예를 들어,

국어 의문문의 분류에서 판정 의문문, 설명 의문문, 선정 의문문 등 같은 유형의 의문문은 미지 정보에 대한 제보 요구이고 확인 의문문은 바로 미지 정보에 대한 제보 요구이다. 확인 의문문은 판정 의문문, 설명 의문문, 선정 의문문과 달리 화자가 정보에 대해 전혀 모르는 상태가 아니고 어느 정도 정보를 가지고 있으며 청자의 대답을 짐작한 상태이다.

학자들은 '의문문' 범주를 말할 때 모두 일반 의문문 범주에서 위의 두 가지 특징을 가지는 의문문을 '의문문' 범주의 원형으로 본다. 즉, 위의 두 가지 조건을 만족하는 의문문은 '의문문' 범주의 범례이고 범주의 중심 구성원이다. 본고에서는 이 같은 기능적 특징과 형태적인 특징을 갖는 의문문을 의문문 범주의 원형으로 보고 선행 연구에서 다르게 보이는 의문문 분류의 인지 공통점을 밝히고자 한다.

1.1.2. 의문문의 원형 범주와 비원형 범주

선행 연구에서 의문문에 대한 분류는 약간 차이가 나지만 의문문을 기능 기준으로 2분법이나 3분법으로 2~3개의 범주로 나누는 데는 일치한다.

〈표 25〉 선행 연구의 의문문 분류

논자	분류	논자	분류
안병희	판정 의문문 설명 의문문 수사 의문문	서순희	기본의미 파생의미 상황의미
장석진	직접 화행 간접 화행	남기심·고영근	판정 의문문 설명 의문문 수사 의문문

김영희	보통 의문문 특수 의문문	이창덕	순수 질문 담화 책략 질문
이현희	보통 의문문 특수 의문문	이익섭·채완	일반 의문문 확인 의문문 특수 의문문
박영순	질문 의문문 요청 의문문 수사 의문문	류현미	일반 의문문 특수 의문문

　이 같은 분류 체계는 인지언어학의 시각으로 해석하면 2분법인 '원형 의문문 범주'와 원형과 유사성이 낮은 구성원의 집합인 '비원형 의문문 범주'로 나눌 수 있고, 3분법은 원형 범주나 비원형 범주를 다시 2분해서 또 다른 한 분류로 볼 수 있다. 이런 관점에서 〈표 26〉을 다시 정리하면 아래와 같다.

〈표 26〉 원형이론에 의한 의문문 분류

논자	원형 범주		비원형 범주	
안병희	판정 의문문	설명 의문문	수사 의문문	
장석진	직접 화행		간접 화행	
김영희	보통 의문문		특수 의문문	
이현회	보통 의문문		특수 의문문	
박영순	질문 의문문		요청 의문문	수사 의문문
서순희	기본의미		파생의미	상황의미
남기심·고영근	판정 의문문	설명 의문문	수사 의문문	
이창덕	순수 질문		담화 책략 질문	
서정수	일반 의문문	확인 의문문	특수 의문문	
이익섭·채완	일반 의문문	확인 의문문	특수 의문문	
류현미	일반 의문문		특수 의문문	

1.1.3. 범주의 특징으로 본 의문문 분류

앞에서 의문문의 전형적인 범례인 원형을 설정하고 선행 연구의 1차
적인 분류를 원형 범주와 비원형 범주의 개념을 도입해서 설명했는데
이어서 범주 경계의 4개 특징 '모호성', '개방성', '유사성', '향심성'에 의
해 선행 연구의 2차적인 분류가 다르다는 원인을 밝히고자 한다.

앞의 제2장에서 제시했지만 원형은 '모호성', '개방성', '유사성', '향심
성' 등의 특징을 가지고 있다. '원형 범주'는 '원형'과의 유사성을 통하여
구성원을 확인하는데 원형과 유사할수록 범주의 중심에 가깝다는 것이
다. 유사성은 범주화의 중요한 기준이지만 레이코프(Lakoff, 1987 : 60)
가 제시한 바와 같이 유사성은 심리적인 개념으로서 파악하기가 어렵
다. 이것은 유사성이란 개념이 정도성을 가지며 주관적인 태도를 나타
내는 개념이기 때문이다. 유사성의 이런 특성 때문에 원형 범주는 경계
가 모호하고 개방적인 특징을 가지게 된다. 선행 연구에서 의문문에
대한 2차적인 분류의 차이가 많이 나는 원인은 바로 원형이 가지는 이
런 특징 때문이다. 즉, 학자들의 인지 차이이므로 의문문의 원형 범주
가 달라진다. 예를 들면 서순희(1992)에서는 반복 의문문이 기능 기준
으로 의문문 원형과 유사성 정도가 연관되어 원형 범주 구성원으로 보
지만 김영희(꼬리 의문문), 이현희(반문), 서정수(되받음의문문), 이익
섭·채완(메아리의문문), 류현미(반복 의문문)에서 반복 의문문은 형태
적 기준으로 의문문 원형과 차이가 많이 남으로 원형 범주 구성원으로
인정하지 않았다. 이와 유사하게 이성구(1983), 서순희(1990), 서정수
(1994)에서 확인 의문문은 원형과 유사하게 화자가 정보의 결여에 대한
질문이니 원형 의문문 범주에 넣었지만 박영순(1990)에서 확인 의문문

은 원형 의문문과 달리 '전혀' 모르는 것이 아니고 부분적인 정보를 알고 있는 상태에서 상대방에게서 확인 대답을 요구하는 것이기 때문에 원형범주에서 제외한다. 이런 현상은 범주의 모호성과 개방성을 입증한다. 범주의 '유사성', '모호성', '개방성', '향심성' 등의 특징 때문에 의문문의 분류 양상이 다양하게 분류되었다. 선행 연구의 분류 체계를 원형 범주와 비원형 범주로 나눠서 아래 〈표 27〉처럼 정리할 수 있다.

〈표 27〉 원형이론에 의한 의문문 세부 분류

학자	원형 범주				비원형 범주							
안병희 (1965)	판정 의문문	설명 의문문			수사 의문문							
장석진 (1975)	직접 화행				간접 화행							
김영희 (1982)	보통 의문문				특수 의문문							
	직접 의문문			간접 의문문	수사적 의문문	서술적 의문문	명령적 의문문	꼬리 의문문	흥내 의문문			
	갈림꼴 의문문	안가림꼴 의문문	부정사 의문문									
이현희 (1982)	보통 의문문				특수 의문문							
	직접 의문	간접 의문	설명 의문	판정 의문	확인 의문	수사 의문	반문					
이성구 (1983)	설명 의문	선정 의문	판정 의문	추측 의문	확인 의문							
박영순 (1990, 1991)	질문 의문문				요청 의문문	수사 의문문						
	가부 의문문	의문사 의문문	선택 의문문		명령 의문문	부탁 의문문	확인형	의심형	추측형	반복형	감탄형	주저형	한탄형	강조형
서순희 (1992)	기본의미				파생의미			상황의미				
	단순 의문	추측 의문	의향 의문	확인 의문	반복 의문	요청 의문	청유 의문	명령 의문	감탄 의문	서술 의문	담화 의문	문맥 의문	관용 의문

남기심·고영근 (1985)	판정 의문문		설명 의문문		수사 의문문			
이창덕 (1992)	순수 질문				담화 책략 질문			
	확정 정보 요구 질문	미정 정보 요구 질문	획득 정보 재확인 요구 질문	화자 판단 재확인 요구 질문	간접 진술		간접 명령	간접 청유
서정수 (1985, 1996)	일반 의문문			확인 의문문	특수 의문문			
	찬부 질문	선택 질문	내용 질문		되받음 질문	수사적 질문	서술적 질문	명령적 질문
이익섭·채완 (1999)	일반 의문문			확인 의문문	특수 의문문			
	가부 의문문	선택 의문문	내용 의문문		수사적 의문문	메아리 의문문		요청 의문문
류현미 (1999)	일반 의문문			특수 의문문				
	설명 의문문	판정 의문문	선정 의문문	확인 의문문	수사 의문문	명령 의문문		반복 의문문

1.2. 기능 중심의 의문문 교육 체계

의사소통 과정에서 담겨 있는 정보는, 이미 알고 있는 '기지정보(既知情報)'와 모르는 '미지정보(未知情報)' 두 부분이 포함된다. 기지정보는 사람들의 의사소통이 이루어지는 기점이고 미지정보는 사람들이 관심을 갖는 초점이다. 의문문의 주요 기능은 미지를 탐구해서 새로운 정보를 획득하는 것이지만 실제상황에선 의문 기능 이외 다양한 비의문 기능도 수행한다. 국어학에서 의문은 일반적으로 미지의 사실에 대한 정보의 결여를 나타내거나 그러한 정보를 제공해 주기를 요구하는 언어 행위라고 한다. 이 의미의 범주에 속하는 의문문을 일반 의문문이나 보통 의문문이라 하고, 그 이외의 의미는 특수 의문문이나 수사 의문문이라고 한다.

국어학에서 의문문에 대한 분류는 다양한 시각을 통해서 여러 가지 형태의 분류를 제시했으나 한국어 교육에서는 아직 구체적이고 이해하기 쉬운 분류 체계가 없다. 국어학자들이 의문문을 의미·기능 기준과 형태적인 기준을 동시에 적용해서 의문문의 분류 체계를 세웠으나 외국인 학습자의 입장에서 보면 하위 분류가 너무 복잡하고 이해하기 어려운 점이 많아서 한국어 교육 현장에서 국어학 분류 체계를 그대로 적용하는 것은 적절하지 않다. 본 연구의 연구대상은 일정한 의문문 지식을 가지는 중·고급 중국 내 한국어 전공 학습자이다. 초급 학습자에 대한 교육은 정확성을 강조하는가 하면 중·고급 학습자의 교육은 의사소통 능력을 강조한다. 그래서 본 논문은 선행 연구와 달리 형태나 의미를 분류 기준으로 삼지 않고 의문문의 의사소통 기능을 기준으로 하여 원형 범주와 비원형 범주를 설정하여 분류하고자 한다. 원형 범주는 의문 기능을 수행하는 의문문의 집합이고, 비원형 범주는 의문 기능이 아닌 다른 기능을 수행하는 의문문의 집합이다. 의문문은 의문 기능을 수행하느냐 비(非)의문 기능을 수행하느냐는 Searle(1969:66-67)의 의문 화행 적정 조건에 의해 정할 수 있다.

〈표 28〉 의문 화행의 적정 조건(Searle, 1969)

(1) 명제 내용 조건	발화 및 질문
(2) 예비조건	a. 화자는 답을 모른다. 즉 그 명제가 사실인지를 알지 못한다.
	b. 화자와 청자는 질문이 없을 때 청자가 그 정보를 제공할지에 대해서 명확하지 않다.
(3) 성실성 조건	화자는 이 정보를 원한다.
(4) 본질 조건	청자에게서 이 정보를 끄집어내기 위한 시도로 간주된다.

실생활에서 위에 제시한 4가지 조건에 모두 만족하는 의문문을 자주 접할 수 있다. 그러나 이 4가지 조건을 만족하지 못하는 경우도 있다. 이 같은 4가지 조건에 모두 만족하는 의문문을 본고에서는 의문 기능을 수행하는 의문문 원형 범주로 보고, (2), (3), (4) 조건 중에 어긋나는 의문문은 비의문 기능을 수행하는 비원형 범주로 본다. 그리고 의문 기능은 다시 질문 기능, 확인 기능, 추측 기능, 의향 기능으로 나누고, 비의문 기능은 다시 제보적 기능, 지시 기능, 정표 기능, 인사 기능으로 나눈다. 이를 표로 정리하면 아래와 같다.

〈표 29〉 의문문 기능 분류

원형 범주	의문 기능	단순 의문 기능	
		의향 의문 기능	
		추측 의문 기능	
		확인 의문 기능	
비원형 범주	비의문 기능	제보 기능	강조적인 제보 기능
			완곡적인 제보 기능
		지시 기능	명령 기능
			부탁 기능
			제안 기능
		정표 기능	
		인사 기능	

본고에서 Searle(1969:66-67)의 의문 화행 적정 조건에 따라 '화자가 모르거나 확인하지 못한 사실에 대하여 청자에게 물어 언어적 응답을 요구한다.'라는 의문문은 의문 기능을 수행하는 의문문으로 본다. 의문 기능은 다시 화자의 발화 의도에 따라 단순 의문 기능, 의향 기능, 추측

기능, 확인 기능으로 분류한다. 의문문의 비의문 기능은 주로 화자의 발화 의도에 따라 제보 기능, 지시 기능, 정표 기능, 인사 기능 네 개의 하위 분류로 나눠서 살펴보겠다. 비의문 기능을 수행하는 의문문들은 형태·구조가 각각 다르지만 모두 의문문 형식이면서 새로운 정보를 탐구하는 데 목적을 두지 않고 발화 속에서 의문이 아닌 다른 기능을 수행한다는 공통점을 가지고 있다. 이런 비의문 기능 질문을 받는 경우, 청자는 화자가 정보를 모르거나 정보가 부족해서 대답을 요구한다고 해석하면 의사소통에 문제가 생길 것이다. 이 경우는 화자가 대답을 요구하는 것이 아니라 다른 의도를 전달하는 것이다. 이어서 의문문 기능에 대한 구체적인 논의와 함께 예문에 대한 분석을 통하여 의문문의 다양한 기능과 기능을 실현하는 요소들을 살펴보겠다.

2. 의사소통 기능에 따른 의문문 교육 내용

2.1. 의문문 단순 의문 기능의 교육 내용

단순 의문 기능은 의문문의 기능 중에 가장 중요한 기능으로 한국어 의문문에서 자주 수행하게 된다. 이러한 단순 의문 기능을 수행하는 의문문은 전형적인 의문문으로서 의문문의 원형이라 할 수 있다. 단순 의문 기능을 수행하는 의문문은 화자가 어떤 명제에 대하여 전혀 모르는 상태에서 청자에게 정보 결여를 해결해 주기를 바라는 것으로 청자에게 대답을 요구한 것이다.

차은상: 내 트렁크 <u>어디 있어?</u>

김 탄: 다 깨졌던데. <u>왜 그러냐?</u>

차은상: <u>어디 있는데?</u>

김 탄: 2층 내 방에.   SBS 수목드라마 〈상속자들〉 中

위의 대화의 의문문들은 모두 화자가 모르는 정보를 구하려고 청자에게 대답을 요구하는 언어행위이다. 의문문이 단순 의문 기능을 수행하는 데에 많이 사용하는 문법적 요소는 의문형 종결어미와 의문사이다.

2.1.1. 종결어미

종결어미는 의문문이 이루는 요소로 의문문의 다양한 기능을 실현하는 데 가장 큰 역할을 한다고 해도 과언이 아니다. 잘 알려져 있듯이 한국어의 종결어미는 다양한 의미로 사용된다. 단순히 의문 기능만 수행하는 종결어미도 있고 몇 가지 기능을 같이 수행하는 종결어미도 있다. 단순 의문 기능을 수행하는 의문형 종결 표현은 주로 '-아/어/여(요)', '-세요', '-냐', '-니', '-나(요)', '-습니까', '-는가/ㄴ가/-던가' 등이 있다.

    (2) ㄱ. 아직도 기숙사에 <u>살아?</u>

        ㄴ. 감독님, 저 멋있게 <u>나왔어요?</u>

        ㄷ. <u>어딥니까?</u>

        ㄹ. 머리가 <u>나쁜가?</u>

위의 예문들은 모두 정보가 결여하기 때문에 청자에게 제보 요구를 하는 경우이다. 화자가 종결어미 '-아/어/여(요)', '-ㅂ/습니까', '-는가/ㄴ가'를 사용해서 청자에게 제보 요구를 명시적으로 제출하고 문장을 의문 기능을 수행하게 된다. 단순 의문 기능만 수행하지 않고 복합적인 기능을 수행하는 어미도 조건에 따라 단순히 의문 기능만 수행하는 경우가 있다.

-지(요)?

(3) ㄱ. 어제는 어느 병원으로 갔지?

ㄴ. 방학이 언제지요?

ㄷ. 그 친구는 어느 나라에서 왔지요?

ㄹ. 여자 친구 생일 선물을 사려고 하는데 뭐가 좋지요?

-는데(요)?

(4) ㄱ. 가족들은 어디에 사는데요?

ㄴ. 시간이 날 때는 뭘 하시는데요?

ㄷ. 누구를 만나러 나가시는데요?

ㄹ. 우산이 어디에 있는데요?

확인 의미를 나타내는 '-지(요)', 대조 의미를 나타내는 '-는데(요)?'는 보통 단순 의문 기능만을 수행하지 않지만 예문(3), (4)처럼 의문사와 같이 공기되면 단순 의문 기능을 수행하게 된다. 이것은 의문사가 이 같은 종결어미의 기본 의미를 중화하고 의문 의미를 확인하기 때문이다.[1]

---

1) 박종갑(1987)에 의하면 '-지(요)'로 끝맺는 의문문에 의문사가 있으면 확인의 의미가 중화된다.

의문사는 의문의 중요한 대상이 되는 사물이나 사태를 지시하는 품사로 미지 정보를 요구하는 데 많이 사용된다. 의문사 자체가 가지고 있는 미지 특성 때문에 단순 의문 기능을 수행할 때 많이 사용하게 된다.

(5) ㄱ. <u>어디</u> 갑니까?
    ㄴ. <u>무엇</u>을 먹습니까?

예문(5)에서 의문사 '어디', '무엇'은 모두 미지 정보를 지시해서 의문문의 의문 초점이 된다. 청자는 의문사를 통해서 화자가 알고 싶은 내용을 파악하고 대답한다.

2.2. 의문문 의향 기능의 교육 내용

의향 기능은 전통적인 의문문 하위 분류로 보지 않았으나 서순희(1992)는 최초로 의향 기능을 의문문의 기본 의미의 하위 분류로 보았다. 국어학계에서는 의향 기능을 의문문의 하위 분류로 보는 것에 대하여 아직 반대의견이 많지만 외국인을 대상으로 한 한국어 교육에서는 의문문의 하위 분류로 따로 설정할 필요가 있다고 본다. 이는 앞에서 한·중 의문문 대조를 통해서 알 수 있듯이 중국어에서 청자의 의향을 물어보는 의문문과 청자에게 단순한 질문을 하는 의문문은 같은 형태를 가지는 경우가 많아서 중국인 학습자들은 '-아/어요' 등 같은 단순 질문을 수행하는 종결어미를 사용해서 상대방의 의향을 물어보는 경우가 많기 때문이다. 한국어에서 단순 의문 기능을 수행하는 의문문은 청자에게 어떤 명제에 대한 제보 요구이지만 의향 기능을 수행하는 의문문은 어떤 명제에 대한 청자의 의향을 알아보려고 한 질문으로 보고 서로 다른 의문형 종결어미를 사용한다. 중국인 학습자들은 모국어 전이로 단순 의문 기능을 수행하는 의문형 종결어미와 의향 기능을 수행하는 의문형 종결어미를 구별하지 못하고 사용하는 경우가 많다. 중국인 학습자들이 의문문의 단순 의문 기능과 의향 기능을 잘 구별할 수 있도록 의향 기능을 따로 분류해서 학습할 필요가 있다.

보통 의문문의 의향 기능을 말할 때 청자의 의향을 알아보는 기능을 일컫지만 본고에서는 화자의 불확정한 의향을 나타내거나 화자의 제안을 통해서 청자의 의향을 물어보는 기능을 의문문의 의향 기능이라고 한다.

(6) 찜질방에 갈까?

　ㄱ. (화자 자신에게 말하는 상황에서)

　　　→ 화자의 불확정한 의향을 나타낸다.

　ㄴ. (청자에게 말하는 상황에서)

　　　→ 화자의 제안으로 청자의 의향을 물어본다.

예문(6)은 화자가 자신에게 말하는 상황이라면 화자의 불확정한 의향을 나타내는 것이고, 청자에게 말하는 상황이라면 화자의 제안을 통해서 청자의 의향을 알아보는 예문이다. 자세히 설명하면, (6ㄱ)같은 상황에서는 화자가 자신한테 질문을 하는 방식으로 찜질방에 갈 의향을 나타내고,2) (6ㄴ)은 청자에게 찜질방에 같이 가자는 제안을 제시하

---

2) (6ㄱ) 같은 화자가 자신에게 말하는 의문문은 전통 문법 연구에선 보통 자문문이나

고 청자의 의향에 관한 대답을 요구하는 것이다.

그리고 (6ㄴ)과 같은 기능을 수행하는 의문문은 보통 '화자의 제안'과 '청자의 의향 대답 요구' 두 요소가 모두 필요하다. '제안'과 함께 나오는 경우가 대부분이라서 윤지혜(2013)는 의향 묻기 기능을 '제안' 기능이라고 했다. 본고에서는 의향 기능과 제안 기능을 각 의문문의 의문 기능과 비(非)의문 기능의 하위로 분류하고 서로 다른 기능으로 본다.[3]

이어서 의문문의 의향 기능을 이루는 문법적 요소를 살펴보겠다.

2.2.1. 종결어미

한국어에서 전형적인 의향 기능을 수행하는 의문형 종결어미는 '-ㄹ래(요)?', '-ㄹ까(요)?'가 있다. '-ㄹ래(요)?'는 평서문과 의문문에 두루 쓸 수 있는 범용어미이고, '-ㄹ까(요)?'는 의문문에서만 사용하는 의문형 종결어미이다. 두 어미는 모두 '의향'과 밀접한 관련이 있지만 '발화의 대상'과 '행동의 주체'에 따라 다르다. 앞에 설문 조사 결과에 대한 분석에서 언급했듯이 중국인 학습자들은 기능이 유사한 의문형 종결어미 '-ㄹ까(요)?'와 '-ㄹ래요'를 잘 구분하지 못한다. 의문문의 2차적인 교육에서 의향 기능을 수행하는 이 두 개 종결어미를 대조해서 미세한 차이를 제시할 필요가 있다.

자귀의문문이라고 한다.
3) 의문문의 의향 기능과 제안 기능의 구별은 뒤에 제안 기능에 관한 논의에서 자세히 다루겠다.

1 의문형 종결어미 '-ㄹ까(요)?'

'-ㄹ까(요)?'로 끝나는 의문문의 발화 대상은 화자일 수도 있고 청자일 수도 있다. 발화의 대상이 화자인 경우에는 화자가 자신에게 질문을 하는 방식으로, 어떤 행동을 할 의향이나 의지를 나타낸다. 이 경우에는 화자가 혼자 한 말이기 때문에 존경을 나타내는 조사 '-요'를 붙이지 않는다.

(7) ㄱ. 심심한데 (나는) 찜질방에 갈까?
ㄴ. 날씨도 추운데 오늘 그냥 집에 있을까?
ㄷ. 집에 있으면 공부가 잘 될까?

예문(7)을 보면 화자가 종결어미 '-ㄹ까(요)?'로 '찜질방에 간다, 집에 있다, 집에서 공부를 한다'는 의향을 나타냈다. '-ㄹ까(요)?'로 이루어진 의문문이 나타나는 의향은 평서형 종결어미로 이루어진 평서문보다 덜 단정적이다.

(8) ㄱ. (나는) 영화나 볼까?
ㄴ. (나는) 영화를 보겠다.

박종갑(1987:97)에서는 (8ㄱ)와 (8ㄴ)를 비교하면서 (8ㄱ)은 화자의 의지가 상대적으로 덜 단정적이라고 주장했다. '-(으)ㄹ까'는 단정적인 화자의 의지를 표현하는 것이 아니고, 그러한 행위수행에 대해 스스로 문제를 삼아 생각하는 형식을 통해서 자신의 불확정적인 의지를 표현하는 것이라고 지적했다.

발화 대상이 청자인 경우 '-ㄹ까(요)?'로 끝맺는 의문문에 담긴 화자의 의도는 제안에 대한 청자의 의향을 알아보는 것이다. 이때 제안된 행동의 주체가 청자·화자일 수도 있고 청자일 수도 있다.

(9) ㄱ. 공원에 갈까요?
    ㄴ. 점심을 먹을까요?
(10) ㄱ. (제가) 전화를 할까요?
    ㄴ. (제가) 문을 닫을까요?
    ㄷ. (제가) 비빔밥을 시킬까요?

한국어는 주어가 생략되는 경우가 많다. '-ㄹ래(요)?', '-ㄹ까(요)?'로 끝맺는 의문문에서는 주어가 명시적으로 제시되지 않을 경우, 제안된 행동의 주체를 잘 파악해야 한다. 예문(9)와 (10)은 모두 화자가 청자에게 한 제안이지만 제안된 행동의 주체가 다르다. 예문(9)는 청자·화자가 같이 행동하는 제안에 대한 청자의 의향을 묻는 것이고, 예문(10)은 화자가 청자를 위해서 어떤 행동을 해 주는 제안에 대한 청자의 의향을 묻는 것이다.

2 범용어미 '-(으)ㄹ래요?'

범용어미인 '-(으)ㄹ래요?'는 서술문에서 화자의 의지를 나타내고 의문문에서 제안에 대한 청자의 의향을 탐구하는 기능을 수행한다. '-(으)ㄹ래요?'의 발화 대상은 항상 청자이지만 제안된 행동의 주체에 따라 구별이 된다.

(11) ㄱ. 오늘 같이 청소할래요?

　　 ㄴ. 토요일에 같이 등산 갈래요?

　　 ㄷ. 사유리씨, 할머니 댁에 같이 가실래요?

(12) ㄴ. 점심에 뭐 드실래요?

　　 ㄷ. 한국 노래를 들을래요?

　　 ㄹ. 너는 뭐 마실래?

　　 ㅁ. 너 이 책 읽을래?

　예문(11)과 (12)는 모두 화자가 청자에게 한 제안이지만 제안된 행동
의 주체가 다르다. 예문(11)은 청자·화자가 같이 행동하는 제안에 대한
청자의 의향을 묻는 것이고 '같이', '함께' 등 공동을 나타내는 부사와
같이 공기하는 경우가 많다. 예문(12)는 청자의 행동에 대해 청자의 의
향을 묻는 것이다.

　'의향'과 밀접하게 관련되어 있는 이 두 종결어미의 '발화의 대상'과
'행동의 주체'에 따른 차이점을 정리하면 아래 〈표 30〉과 같다.

〈표 30〉 '-ㄹ까(요)?'와 '-ㄹ래(요)?'의 대조 분석

종결어미	발화의 대상	행동의 주체
-(으)ㄹ까(요)?	화자	화자
	청자	화자
		청자·화자 공동
-(으)ㄹ래요?	청자	청자
	청자	청자·화자 공동

　'-(으)ㄹ까요?'와 '-(으)ㄹ래요?'는 모두 화자의 제안으로 청자의 의
향에 대한 물음이지만 제안된 행동의 주체에 따라 함축된 의미가 달라

진다. '-(으)ㄹ까요?'로 한 제안의 행동 주체는 화자나 화자·청자이고, '-(으)ㄹ래요?'의 행동 주체는 청자나 화자·청자이다. 즉, 제안된 행동의 주체가 화자·청자이면 '-ㄹ래(요)?', '-ㄹ까(요)?'가 수행하는 기능이 같고 행동의 주체가 화자나 청자일 때는 차이가 많이 나타난다.

(13) ㄱ. 창문을 닫을까요?　　　　　　　(화자 행동)
　　　ㄴ. 창문을 닫을래요?　　　　　　　(청자 행동)
(14) ㄱ. 아이에게 우유를 먹일까?　　　　(화자 행동)
　　　ㄴ. 아이에게 우유를 먹일래?　　　　(청자 행동)

예문 (13ㄱ), (13ㄴ)에서 화자의 제안은 모두 '창문을 닫다'이지만 이 행동을 수행하는 주체가 다르다. (13ㄱ)에서는 화자가 행동을 수행하는 주체이고 (13ㄴ)에서는 청자가 행동을 수행하는 주체이다. 즉 화자가 어떤 행동을 제안하고 청자에게 이 제안에 대한 의향을 확인하는 점은 같지만 제안된 행동의 주체가 다르다.[4]

2.2.2. 양태를 나타내는 선어말어미 '-겠-'

선어말어미 '-겠-'은 미래 시제를 나타내는 시제 요소이기도 하고 양태를 나타내는 요소이기도 한다. 선어말어미 '-겠-'은 의문문에서 동사 어간에 붙어 의문형 종결어미와 같이 공기해서 상대방의 의향을 물어보는 기능을 수행한다.

---

4) 그러나 실은 (13ㄴ), (14ㄴ)의 경우는 의향 기능보다 요청·부탁 기능이 더 적절하다. 이 문제는 뒤에 의문문 부탁 기능에 대한 논의에서 자세히 다루겠다.

(15) ㄱ. 이것 좀 잡수시겠습니까?

　　ㄴ. 같이 가시겠어요?

　예문(15)는 화자가 제안해서 청자에게 제안에 대한 의향을 물어보는 의문문이다. 이때 선어말어미 '-겠-'은 의문형 종결어미와 결합해서 의향 기능을 수행한다. 예문(15ㄱ)은 청자에게 음식을 먹어볼 의향을 물어보고 예문(15ㄴ)은 청자에게 같이 갈 의향이 있는지를 물어본다.

　그러나 상황에 따라 의향 기능을 수행하는 의문문은 요청 기능을 수행하기도 한다. 예문(15ㄱ)은 음식을 한번 먹어 보라는 요청이고 (15ㄴ)은 같이 가자는 요청이다. 즉, 선어말어미 '-겠-'과 의문형 종결어미로 이루어진 의문문이 중의성을 가진다. 청자의 의향을 물어볼 수도 있고 청자에게 어떤 행동을 요구할 수도 있다.

(16) ㄱ. 뭘 주문하시겠습니까?

　　ㄴ. 뭘 드시겠습니까?

　　ㄷ. 손님, 어느 것으로 하시겠습니까?

　　ㄹ. 어느 분이 먼저 하시겠습니까?

　위의 예문(16)은 모두 의문사가 들어 있는 것으로 예(15)와 구별된다. 예문(16)은 의문사가 들어 있으니 문장의 다의성을 모면하고 청자의 의향을 물어보는 의미만 남았다. 선어말어미 '-겠-'과 의문형 종결어미가 이루어진 의문문에서 의문사가 들어가면 의향 기능이 확립되고 중의성이 사라진다.

2.2.3. 형용사 '어떻다'

형용사 '어떻다'는 의향을 묻는 의미가 담기기 때문에 의문형 종결어미와 결합해서 청자의 의향을 묻는 기능을 수행하는 경우가 있다.

(17) ㄱ. 같이 가면 어때요?
ㄴ. 길이 막히니까 지하철을 타는 게 어때요?
ㄷ. 내일 아침 일찍 떠나면 어떻습니까? 칠흑 같은데 어떻게 가려고요?
ㄹ. 월요일에 같이 소풍가면 어떻습니까?
ㅁ. 이 모자가 어때요?

예문(17)이 제시했듯이 형용사 '어떻다'가 가정을 나타내는 연결어미 '-면'이나 표현 '-는 게'와 같이 공기해서 '-면 어때요?'나 '-는 게 어때요?'의 통합 형태로 많이 사용된다.

2.2.4. 구문 표현 '-아/어/여 주다(드리다)'

'-아/어/여 주다(드리다)'는 다른 사람을 위해 어떤 행위를 함을 나타내는 구문 표현으로 청자에게 도움을 제공할 때, 의문형 종결어미와 같이 공기해서 의문문의 의향 기능을 수행한다.

(18) 가: 가방을 들어 드릴까요?
나: 네, 좀 들어 주세요. 감사합니다.
(19) 가: 문 열어 드릴까요?
나: 네, 좀 열어 주세요.

(20) 가: 책상이 좀 복잡하니까 제가 정리해 드릴까요?

　　　나: 아니요, 괜찮아요. 제가 할게요.

(21) ㄱ. 안아도 될까요?/ 됩니까?/ 되겠어요?

　　　ㄴ. 이것 써도 됩니까? 될까요?

예문(18~20)처럼 행동을 미치는 대상에게 도움이 되거나 이익이 되는 경우에 구문 표현 '-아/어/여 주다(드리다)'가 종결어미 '-ㄹ까요'와 같이 공기되는 경우가 많고, 예문(21)처럼 상대방의 허락을 받는 경우에 구문 표현 '-아/어/여 주다(드리다)'가 허락을 나타내는 동사 '되다'와 같이 공기되는 경우가 많다.

2.3. 의문문 추측 기능의 교육 내용

추측 기능을 수행하는 의문문은 화자가 어떤 명제에 대해 확실한 정보가 없으므로 추측의 태도를 가지고 청자에게 질문하는 것이다. 화자는 청자가 이 명제를 확실히 알고 있다고 생각해서 묻는 것이 아니고 추측해서 판단하여 대답해 줄 것을 요구하는 것이다.

(22) 가: 내일 날씨가 좋을까요?

　　　나: 네, 내일은 날씨가 좋을 거예요.

(23) 가: 오늘의 경기는 어느 팀이 이길까?

　　　나: 말할 것도 없이 당연히 우리 팀이 이길 거지.

예문(22), (23)은 내일의 날씨가 좋을지, 어느 팀이 이길지에 대해 화자와 청자는 모두 확실한 정보를 가지고 있지 않다. 화자는 문제에 대한 확실한 정보를 요구하는 것이 아니고 청자가 추측해서 판단한 결과를 듣고자 한다.

의문문의 추측 기능을 이루는데 중요한 역할을 하는 요소는 아래와 같다.

2.3.1. 의문형 종결어미

의문형 종결어미 '-(으)ㄹ까요?'의 기능은 다양하다. 앞에서 제시한 의향 기능 이외에 추측 기능을 수행하는 주된 의문형 종결어미이기도 하다. 아직 일어나지 않았거나 모르는 일에 대한 화자의 추측적인 질문을 나타낸다. 화자는 자기의 인지와 배경에서 받아온 어떤 메시지나 남에게서 받은 정보를 결합해서 추측의 근거로 하여 발화를 한다. 근거의 불확실성 때문에 화자 자신도 이 추측에 대해 의심스러워서 청자에게 확인해 달라고 질문한 것이다.

(24) 가: 내일 날씨가 좋을까요?
　　 나: 네, 내일은 날씨가 좋을 거예요.
(25) 가: 그 영화가 재미있을까요?
　　 나: 재미있을 거예요.
(26) ㄱ. 나 혼자 할 수 있을까요?
　　 ㄴ. 오늘 아침 기분이 상쾌하네. 오랜만에 잠을 푹 잤기 때문일까?
　　 ㄷ. 내일은 비가 많이 올까?

추측 기능을 수행하는 의문문의 발화 대상은 보통 청자이지만 가끔 화자 자신일 수도 있다. 위의 예문(24), (25)는 화자의 추측에 대해 청자에게 확인해달라는 질문이고 (26)은 화자 자신에게 질문하는 것이다. (26ㄱ)은 혼자 할 수 있을지, (26ㄴ)은 푹 잤기 때문에 기분이 상쾌한지, (26ㄷ)은 내일은 비가 많이 올지에 대한 화자의 걱정하는 심적 태도가 담겨 있다. 이럴 때는 질문 행위로 보는 것보다 사고 과정으로 보는 것이 더 합리적이다. 화자가 자기에게 질문을 던지면서 답을 찾는 과정은 바로 머릿속에서 이 문제에 대해 추리하고 판단을 내리는 과정이다.

2.3.2. 부정 표현

부정 표현은 의문문의 추측 기능을 이루는 결정적인 요소가 아니지만 의문형 종결어미와 공기해서 추측 기능을 수행하는 경우가 많다. 추측 기능을 실현하는 부정 표현은 주로 형용사 '아니다'로 이루어진다.

> (27) ㄱ. 김과장님이 웃는 거 한 번도 못 봤지? 혹시 조울증 환자 <u>아니야</u>?
> ㄴ. 요즘 왜 이렇게 입맛이 없어요? 혹시 임신한 <u>거 아닐까요</u>?
> ㄷ. 민지와 진혁이가 혹시 사귀는 <u>건 아니겠지</u>?

예문(27)은 긍정의문문으로도 추측 기능을 수행할 수 있지만, 여기에서는 부정 표현으로 이루어진 부정 의문문으로 화자의 발화력을 강화시켜 추측 정도를 높인 것이다.

2.3.3. 부사

추측을 나타내는 의문문에서는 '혹시', '설마' 등 양태 부사가 자주 같이 공기된다. '혹시', '설마'는 추측의 의미를 가지므로 추측 기능을 수행

하는 의문문에서 종결 표현 '-ㄹ까', 선어말어미 '-겠-'과 종결어미 '-지'
가 통합한 통사구조 '-겠지' 등과 같이 공기하는 경우가 많다.

혹시

(28) ㄱ. 할아버지께서 <u>혹시</u> 망령이 드신 게 아닐까요?

　　 ㄴ. 마르게리타는 <u>혹시</u> 음식 재료의 이름일까?

설마

(29) ㄱ. 그가 <u>설마</u> 간첩이란 말이냐?

　　 ㄴ. <u>설마</u> 이 백성들이 모두 비밀공작 훈련을 받았단 말이냐?

2.4. 의문문 확인 기능의 교육 내용

확인 기능을 수행하는 의문문은 화자가 청자에게 불확실한 정보나
알고 있는 정보에 대해 화자 자신의 판단을 확인해 달라고 요구하는
의문문이다. 청자의 긍정이나 부정의 대답을 통해서 정보나 화자의 판
단을 검증한다. 이창덕(1992)은 확인 기능을 '화자 판단 확인'과 '획득
정보 확인'으로 나누었다. '획득 정보 확인'은 화자가 다른 사람이나 청
자에게서 들은 정보가 불확실하므로 청자에게 확인해 달라고 하는 것
이고, '화자 판단 확인'은 화자 자신이 예상한 내용이나 판단을 청자에
게 확인해 달라고 하는 것이다.

윤실장:　우리 아들 만났<u>다면서</u>?　　　　　　　　 (획득 정보 확인)

김　탄:　제가요? 아드님이 누구신데요? 아, 만난 것 같네요. 이름이 찬
　　　　　영<u>이지요</u>?　　　　　　　　　　　　　　 (화자 판단 확인)

위 대화에서 윤 실장이 '우리 아들 만났다면서?'의 의문문을 통해 다른 사람으로부터 들은 정보를 청자인 김탄에게 확인해 줄 것을 요구하는 것이고, 김탄은 '이름이 찬영이지요?'의 의문문을 통해 찬영이 윤 실장의 아들이라는 판단을 청자인 윤 실장에게 확인해 달라고 하는 것이다.

의문문의 확인 기능을 실현하는 요소는 아래와 같다.

2.4.1. 의문형 종결어미

확인 기능을 수행하는 대표적인 의문문 종결어미는 주로 '-지(요)?', '-다고요?', '-다면서(요)?'가 있다. 이 세 개의 의문형 종결어미는 모두 화자가 청자에게 확인해 달라고 요구하는 의문문 종결어미지만 구체적인 의미가 다르다. 이 같은 유사한 기능을 수행하는 종결어미를 가르칠 때 종결어미 간의 미세한 차이를 대조하면서 가르칠 필요가 있다.

-다고요, (느)ㄴ다고요?

   (30) 가: 주말에 춘천에 갈 건데 같이 갈래?
        나: 어디에 갈 거라고?
        가: 춘천에 갈 거라고.
   (31) 가: 불고기를 만들려면 양파가 필요해요.
        나: 뭐가 필요하다고요?
        가: 양파가 필요하다고요.

예문(30), (31)은 화자 '나'가 상대방이 한 말을 잘 듣지 못해서 다시 확인하듯이 질문하는 것으로 '어디 갈 건지', '뭐가 필요한지'를 되묻고 있다.

-는다면서요?/ㄴ 다면서요?/다면서요?/이라면서요?

(32) 가: 오늘이 생일이라면서요?

　　나: 네, 맞아요. 어떻게 아셨어요?

(33) 가: 미선 씨한테서 들었는데, 요즘 바쁘다면서요?

　　나: 네, 할 일이 너무 많아서 밥 먹을 시간도 없어요.

예문(32), (33)은 화자 '가'가 다른 사람에게서 들은 정보가 사실인지를 화자 '나'에게 확인하는 것이다. 예문(32)는 상대방의 생일이 오늘인지를 확인하는 것이고 예문(33)은 미선이라는 사람에게서 청자가 요즘 바쁘다고 들어서 청자에게 확인해 달라고 한 것이다. '-다고요?', '-다면서(요)?'는 모두 다른 사람에게서 들은 정보에 대해 확인이지만 세미한 차이가 보인다. '-다고요?'는 조로 선행 발화에 대한 확인이고 '-다면서(요)?'는 주로 다른 사람이나 상대방에게서 들은 내용을 확인한다.

-지(요)?

(34) ㄱ. 불고기는 아주 맛있지요?

　　ㄴ. 도서관에는 항상 학생이 많지요?

　　ㄷ. 김성민 씨는 아침마다 운동을 하지요?

예문(34)는 화자의 예상이나 판단에 대해 청자에게 확인해 달라고 요구하는 것이다. '-지(요)?'는 화자의 예상이나 판단을 확인할 때 사용되고 '-다고요?', '-다면서(요)?'는 다른 사람에게서 들은 정보를 확인할 때 많이 사용한다. '-지(요)?', '-다고요?', '-다면서(요)?'의 화용적 차이점은 〈표 31〉과 같다.

<표 31> 확인 기능을 수행하는 의문형 종결어미의 대비

종결 어미	정보 출처	화용 의미
-지(요)?	화자 판단	화자의 예상이나 판단을 확인할 때 사용된다.
-다고요?	획득 정보	선행 발화를 잘 듣지 못하거나 따져 물을 때 다시 확인하려고 사용한다. 주로 앞서 상대방이 한 말을 옮겨와 다시 되묻는 것이다.
-다면서(요)	획득 정보	다른 사람에게서 들은 정보를 상대방에게 확인하여 물을 때 쓴다.

'-지(요)?', '-다고요?', '-다면서(요)?'는 모두 확인 기능을 수행하는 의문형 종결어미지만 정보의 출처와 구체적인 화용 의미에 따라 다르다. '-지(요)?'는 화자의 판단에 대한 확인 요구이고 '-다고요?', '-다면서(요)?'는 획득 정보에 대한 확인 요구이다. 화용 의미에서 볼 때, '-지(요)?'는 화자의 예상이나 판단을 확인할 때 사용되고, 이미 알고 있다는 심리적 태도를 나타낸다.[5] '-다고요?'는 선행 발화를 다시 확인하는 경우에 사용되고 '-다면서(요)?'는 다른 사람에게서 들은 정보를 청자에게 확인하는 경우에 사용된다.

2.4.2. 부정 표현

'-아/어(요)?', '-냐?', '-니?', '-ㄹ까요?', '-나(요)?', '-ㅂ/습니까?' 같은 의문 종결어미는 전형적인 확인 기능 종결어미가 아니지만 주어진 화맥에 따라 부정 표현과 통합해서 확인 기능을 수행하는 경우가 많다.

---

5) 서정수(1986)에서 '-지(요)?'는 화자가 문장 내용에 대하여 '이미 알고 있음'이라는 심리적 태도를 잘 표시한다고 지적했다.

이런 경우에 부정 표현은 확인 기능을 실현하는 문법적 요소가 되었다. 확인 기능을 실현하는 데 같이 공기하는 부정 표현이 주로 '-지 않아요?', '-는/은/ㄴ 건 아니겠지요?', '-안 그래?' 등이 있다.

-지 않아요?

(35) 가: 이 옷이 너무 화려하지 않아요?

나: 네, 좀 화려한 것 같은데요.

(36) 가: 일이 다 끝났는데 이제 가도 되지 않아?

나: 응, 가도 될 것 같아.

(37) 가: 전에 이 책 읽지 않았어요?

나: 아니요, 읽은 적이 없는데요.

예문(35~37)은 장형 부정 '-지 않다'로 이루어진 의문문인데, 화자의 생각이나 추측을 말하면서 청자에게서 확인해 달라고 요구하고 있다. 예문(35)는 청자에게 '옷이 너무 화려하지 않느냐', 예문(36)은 '가도 되느냐', 예문(37)은 '이 책을 읽은 적이 있냐'고를 확인한 것이다.

-는/은/ㄴ 건 아니겠지요?

(38) 가: 음식을 이렇게 넉넉히 준비했는데 설마 음식이 모자라는 건 아니겠지요?

나: 그럼요, 걱정 마세요. 넉넉할 거예요.

(39) 가: 차에 내비게이션이 있는데 설마 길을 찾지 못하는 건 아니겠지요?

나: 그럼요, 내비게이션이 모르는 길을 다 찾아 줄 거예요.

예문(38~39)는 부정의미를 나타내는 형용사 '아니다'로 이루어진 표현인데 주로 어떤 일이 일어날까봐 걱정하면서 그 일이 일어나지 않을 것이라며 청자에게 확인해 달라고 요구하는 것이다.

-안 그래?

(40) ㄱ. 미국에선 사람들이 드라이브 많이 하지, 안 그래?
ㄴ. 너 오기 전에 전화하기로 했잖아, 안 그래?
ㄷ. 무슨 일 있겠어? 최악의 상황이래 봤자 거절당하는 게 다잖아, 안 그래?
ㄴ. 이런 게 정말 삶다운 삶이지, 안 그래?
ㄹ. 이렇게 하니 기분이 좋지, 안 그래?

예문(40)은 단형 부정 '안'으로 이루어진 표현이며, 화자의 주장이나 생각을 더 세게 세우기 위해 '안 그래?'의 부가 의문문 형태로써 화자가 앞에서 한 주장이나 생각을 확인하고 청자에게서 '동의와 부인'의 두 가지 대답 중 '동의'를 구하는 경향이 강하다.

2.4.3. 형용사 '어떻다'

형용사 '어떻다'는 확인 기능을 수행하는 종결어미 '-지(요)'와 같이 공기해서 부가 의문문의 형식으로 확인 기능을 수행할 수 있다.

(41) ㄱ. 그러니까 아이를 살리고 싶은 겁니다, <u>그렇지요</u>?
ㄴ. 야, 이영재, 나 잘 한 거 맞지? 어? <u>그렇지</u>?
ㄷ. 이것이 보석이다. <u>그렇지</u>?

2.4.4. 구문 표현

한국어에는 다양한 기능을 수행하는 구문 표현이 존재한다. 의문문에서 확인 기능을 실현하는 전형적인 구문 표현인 '-라는 말이다'는 말한 사람의 의도를 추측하여 그 추측이 맞는지 다시 확인할 때 사용된다.

-다/자/냐/라는 말이에요?

    (42) 가: 매일 아침을 당신과 함께 했으면 좋겠습니다.
          나: 그 말은 지금 결혼하자는 말이에요?
    (43) 가: 미영 씨는 언제 웨딩드레스를 입을 거예요?
          나: 네? 그 말은 언제 결혼하느냐는 말씀이세요?
    (44) 가: 카메라를 새로 사려고 하는데 돈이 좀 모자라네.
          나: 지금 나에게 돈을 빌려 달라는 말이야?

2.5. 의문문 제보 기능의 교육 내용

화자가 의문문을 통해서 청자로부터 정보를 얻으려고 질문하는 것이 아니라 청자로부터 화자 자신의 생각이나 판단, 주장 등을 청자에게 제공해 주는 경우 의문문은 제보 기능을 수행한다. 본고는 인지언어학의 명제 개념을 통해서 의문문의 제보 기능을 설명하고자 한다.

    (45) 네가 부자이냐?
    (46) 내가 바쁜 걸 못 봤어?

의문 기능을 수행하는 의문문은 보통 2개 이상의 명제가 포함된다.

예문(45)는 '청자가 부자이다.'와 '청자가 부자가 아니다.'의 두 개 명제가 포함되어 있다. 의문 기능을 수행하는 의문문은 상대방에게 2개 이상의 명제를 제공할 뿐만 아니라 제공된 두 명제는 모두 합리적으로 선택 받을 만한 명제이다. 그리고 청자가 자신의 의지에 따라 제공된 여러 명제 중에서 하나를 선택할 수 있다.

제보 기능을 수행하는 의문문에서 청자의 선택은 개방적이지 않고 한정적이다. 의문문이 포함된 2개 명제에는 상식이나 주어진 화맥에 의해 오직 하나만이 합리적이고 받을 만한 명제이다. 다른 한 명제는 화맥이나 상식에 의해 합리적이지 않아서 선택할 가능성이 사라진다. 예문(45)는 단순히 청자가 부자인지 부자가 아닌지를 궁금해서 질문하는 상황에서는 청자가 '내가 부자다'와 '내가 부자가 아니다' 두 명제 중에 어느 한 명제를 선택할 수 있지만 청자가 부자가 아닌 정보를 뻔히 알고 있는 상황에서 '네가 부자가 아니다'의 명제만 남았다. 이와 같이 예문(46)은 '바쁜 걸 봤다'와 '바쁜 걸 못 봤다'의 두 개 명제가 포함되지만 청자가 분명히 화자가 바쁜 것을 본 상황에서는 '바쁜 걸 봤다'의 명제만 합리적인 명제가 된다. 그러므로 이 같은 의문문은 겉으로 보기에 2개의 명제가 포함되어 있지만 사실상 청자가 선택할 수 있는 명제는 하나뿐이다. 즉 제보적 기능을 수행하는 의문문은 유일한 명제만 포함된다. 제보 기능은 화자의 의도에 따라 다시 발화력 강화적 제보 기능과 발화력 약화적 제보 기능으로 나누어진다.

1️⃣ 발화력 강화적 제보 기능

의사소통 과정에서 의문문의 대답을 청자와 화자가 모두 알고 있고 대답이 명백하여 부인하지 못하는 경우가 있다. 이럴 때 화자의 발화 의도는 새로운 정보를 구하는 것이 아니라 화자의 발화력을 강화하고 자 하는 것이다. 화자가 가지고 있는 정보나 판단을 의문문 형식으로 강조하여 진술문과 같은 기능을 수행한다. 의문문으로 수행하는 제보 적 기능은 진술문보다 강한 감정을 나타내고 설득력이 더 강하다.

> 【상황】 이복 형제인 김탄과 김원의 대화. 동생인 김탄이 형 김원을 보고 싶어서 찾아왔는데 김원은 별로 반갑지 않다.

> 김　원: 와도 되는 자리라고 판단했어?
> 김　탄: <u>어떻게 안 와</u>? 여기 오면 형이 있는데. 　　　　(발화력 강화)

위의 예문에서 김탄은 '어떻게 안 와?'의 반문 형식으로 발화력을 강 화시킨다. '당연히 와야 된다'의 진술문보다 의문문의 강정 표현이 훨씬 강하고 설득력이 있다.

2️⃣ 발화력 약화적 제보 기능

화자가 청자의 체면을 생각해서 서술문보다 부드러운 의문문을 선택 해서 자기의 판단, 주장이나 생각을 나타나는 경우가 있다. 이 같은 의 문문은 화자의 발화력을 약화시키고 청자에게 부드럽게 들리도록 배려 해 준다.

> (47) 가: 이걸 다 삽시다.
> 　　　　나: 이것을 다 사면 <u>너무 많은 거 아니에요</u>?

위의 대화는 청자가 '다 사면 너무 많다'는 주장을 의문문으로 완곡하게 나타내어 청자에게 부드럽게 들리도록 배려해 주는 것이다.

대부분 의문형 종결어미는 다른 요소와의 통합으로 의문문의 제보 기능을 실현하므로 본 절에서 주로 종결어미 이외의 다른 요소를 중심으로 살펴보겠다.

2.5.1. 연결어미

연결어미 '-(으)ㄴ들'은 어떤 상황을 가정한다고 해도 그 결과가 예상과 다름을 나타낸다. 뒷부분에는 주로 강한 추측 표현이나 의문문이 사용되며, 의문형 종결 표현과 같이 나타날 때는 화자의 생각이나 의지를 강하게 나타내는 제보적인 기능을 수행한다.

-(으)ㄴ들

(48) 가: 불우 이웃 돕기 성금을 많이 내셨다면서요? 정말 대단하세요.
　　 나: 뭘요. 아무리 돈이 많은들 좋은 일에 쓰지 않으면 무슨 소용이 있겠어요?
(49) 하늘이 아무리 높은들 부모님의 사랑만큼 높겠어요?

예문(48)은 불우 이웃을 돕는 일은 당연한 일이라는 것을 나타냈고 예문(49)는 하늘이 아무리 높아도 부모님의 사랑만큼 못한다는 뜻을 나타냈다. 두 예문 모두 의문문의 형식으로 화자의 주장이나 생각을 강하게 나타냈다.

의문사는 의문문이 제보적 기능을 수행할 때 중요한 역할을 한다.

   (50) ㄱ. 그 사람이 뭐가 좋아?
       ㄴ. 가기는 언제 가?
       ㄷ. 그 일을 내가 왜 해?
       ㄹ. 제가 어찌 감히 아버지 말씀을 의심하겠습니까?
       ㅁ. 안 먹긴 왜 안 먹어요?

   예문(50)은 청자에게서 정보를 얻으려고 질문하는 것보다 청자에게 화자 자신의 생각이나 판단, 주장을 표출하는 것이다. 예문(50)의 예문들은 각각 그 사람이 별로 좋지 않다는 주장, 가고 싶지 않은 주장, 내가 그 일을 하지 않겠다는 주장, 아버지의 말씀을 의심하지 않는다는 주장, 먹겠다는 주장을 표출하는 것이다. 이 같은 의문문에서 의문사가 없으면 제보 기능을 수행할 수 없다. 이창덕(1992:144)에서 한 발화 안에 의문사와 성분이 같은 문장 성분이 나타날 경우 그 질문은 순수 질문이 아니라 비의문 기능 질문이라는 것이 쉽게 감지된다고 주장했다. 한길(2005:20)에서 의문사가 앞이나 뒤에 놓이는 다른 단어와 통합해서 이루어진 통사적 구성 10개를 귀납했는데 아래와 같다.

▼ **통사구조**

① **누가 감히/감히 누가**   누가 감히 당신의 명예를 더럽히는가?
② **어느 누가**   천하에 어느 누가 복종하지 않습니까?

③ 그 누구   그 누가 책임을 지겠는가?

④ 뭐(가) 그리   그 정도야 뭐 그리 어렵겠습니까?

⑤ 어찌 감히   제가 어찌 감히 그런 일을 맡을 수 있겠습니까?

⑥ 어찌 아니   내가 너를 어찌 아니 보고 싶겠니?

⑦ 이 어찌   이 어찌 잘못된 책략이 아닙니까?

⑧ 어거 어디   이거 어디 불안해서 사람이 살 수 있나?

⑨ 왜 아니   형제들 소식이 왜 아니 궁금하겠어?

⑩ 왜 좀   왜 좀 빨리 안 오니?

(51) 가: 주말에 잘 쉬었어요?

　　나: 잘 쉬는 게 다 뭐예요? 일이 너무 많아서 회사에 나왔어요.

(52) 가: 난 나중에 예쁘고 착하고 부자고 똑똑한 사람과 결혼할 거야.

　　나: 에이, 세상에 그런 사람이 어디 있어?

(53) 가: 마이클 씨는 한국어 발음이 아주 정확하시군요.

　　나: 발음만 정확하면 뭘 해요? 어휘나 문법을 잘 모르는데.

(54) 가: 저는 여자 앞에만 서면 말을 한 마디도 못해요.

　　나: 그렇게 부끄럼을 타서야 어디 여자 친구를 사귈 수 있겠어요?

2.5.3. 부정 표현

부정 표현은 의문문과 통합해서 반문의 형식으로 화자의 생각이나 태도를 나타낼 수 있다. 이 같은 부정적인 의문문은 서술문보다 발화력을 약화시키고 화자의 생각이나 태도를 완곡하게 나타나고 청자에게 부드럽게 들리도록 배려해 준다. 제보 기능을 수행하는 부정 표현은 주로 장형부장 '-지 않다'와 형용사 '아니다'로 이루어진 통사 표현 '-ㄴ 것 아니다'가 있다.

-지 않다

(55) 가: 내일 점심 때 명동에서 만나는 것이 좋겠습니다.

　　나: 명동은 사람들이 너무 많아서 복잡하지 않겠습니까?

(56) 가: 이번 출장은 비행기를 타고 갔으면 좋겠습니다.

　　나: 비가 많이 오니까 기차를 타는 것이 낫지 않겠습니까?

(57) 가: 회의를 다음 주로 연기하는 것이 낫겠습니다.

　　나: 다음 주는 신제품 발표회 준비 때문에 바쁘지 않겠습니까?

장형 부정 '-지 않다'는 다른 문법적 요소와 통합해서 완곡한 제보
기능을 수행했다. 예문(55~57)은 직설적으로 상대방의 의견을 부정하
기 어려워서 화자의 주장을 완곡하게 표출하며 상대방의 의견을 부정
했다.

-(으)면 (으)ㄴ/는 거 아니에요?

(58) 가: 이걸 다 삽시다.

　　나: 이것을 다 사면 너무 많은 거 아니에요?

(59) 가: 지금 전화해도 괜찮겠지요?

　　나: 이렇게 늦은 시간에 전화하면 실례가 되는 거 아니에요?

(60) 가: 읽기 점수가 85점밖에 안 나왔어요.

　　나: 85점이면 잘 한 거 아니에요?

예문(58~60)은 형용사 '아니다'로 이루어진 표현으로 화자의 주장을
완곡하게 표출한다. 예문(58)은 다 사면 너무 많다는 주장, 예문(59)는
늦은 시간에 전화하면 실례가 된다는 주장, 예문(60)은 85점이면 잘한
것이라는 주장을 완곡하게 나타냈다.

2.6. 의문문 지시 기능의 교육 내용

의문문의 지시 기능은 의문문의 다양한 기능 중에서 사용빈도가 상대적으로 높은 기능이다. 의문문의 지시 기능은 청자의 대답보다는 행동을 요구하는 경우가 많다. 지시 기능을 수행하는 의문문에서 화자의 발화 의도는 청자에게서 정보를 요구하는 것보다는 청자가 어떤 행동을 하게 하거나 청자에게 화자와 같이 어떤 행동을 하게 하는 것이다. Searle(1969)의 화행 적정 조건으로 측정하면 일부 의문문은 의문 화행의 적정 조건에 만족하지 않은 반면, 지시 화행의 적정 조건에는 만족한다.[6] 그리고 이런 지시 화행 적정 조건에 만족하는 의문문은 지시 기능을 수행한다.

　　(61) 교수님 전화번호를 아니?

예문은 교수님의 전화번호를 아느냐 모르냐 물어 보는 의문 화행이 아니고 청자에게서 전화번호를 알려 달라고 하는 지시 화행이다.

학자에 따라 지시 기능의 하위 분류는 다양하다. Tsui(1994)는 Searle(1969)의 지시적 화행에 속하는 세부 유형을 크게 부탁과 지시로 구분하였다. 부탁 화행은 다시 부탁, 초대, 제고, 제의로 나누고, 지시 화행

---

6) 〈표 32〉 지시 화행의 적정 조건(Searle, 1969)

	지시 화행 (Directive)
명제 내용 조건	화자는 청자가 수행할 행위 A를 예측한다.
예비조건	청자는 행위 A를 수행할 수 있다.
성실성 조건	화자는 청자가 행위 A를 하기를 원한다.
본질 조건	청자가 행위 A를 실행하도록 설득하기 위한 시도로 간주한다.

은 다시 명령과 권고로 나뉜다.

〈표 33〉 지시 화행의 세부 유형(Tsui, 1994)

지시적화행	부탁	부탁, 초대, 제고, 제의	①화자는 특정 행동이 수행되기를 진정으로 원하며 그 행동은 수행될 필요가 있다고 믿는다. ②청자는 행동을 수행하거나 행동이 수행되도록 할 수 있으며 그 행동에 이의를 갖지 않을 것이라고 예측된다. ③청자가 요구된 행동을 수행할지는 분명하지 않다.
	지시	명령	화자에게 지시할 권한 또는 의미가 있는 것으로 청자가 수락이나 거절을 선택할 가능성이 희박하다.
		권고, 제안	청자가 화자의 지시를 따라야 하는 의무가 없으며, 부분적으로는 청자에게 이익이 된다고 생각하여 화자가 권고한 것으로 수락 여부는 전적으로 청자에게 달려 있다.

강현화(2007)는 한국어의 언어 특징과 결합해서 지시 화행을 다음과 같이 분류했다.

〈표 34〉 지시 화행의 분류 정의(강현화, 2007)

+강제성	+상하관계	+화자도움		⇨명령
		+청자도움		⇨권고
	+상하관계	+화자도움	+화자권리	⇨요구
-강제성	+상하관계	+화자도움		⇨부탁
		+화/청자도움	함께 행동	⇨제안
		+청자도움		⇨제의

지시 기능의 하위 분류가 다양하지만 실생활에서 의문문으로 수행하는 지시 기능은 주로 '명령 기능', '부탁 기능', '제안 기능'이 대표적이다. 본고는 주로 이 세 가지 기능을 위주로 지시 기능을 살펴보겠다.

〈표 35〉 의문문의 지시 기능 하위 분류의 차이점

	명령 기능	부탁 기능	제안 기능
권위 주체	화자	화자	화자
이득자	화자	화자	청자나 청·화자
행위 수행 주체	청자	청자나 청·화자	청자나 청·화자

　의문문의 지시 기능이 다른 기능과 구별되는 가장 뚜렷한 특징은 청자의 행동을 이끌어내기 위해 의문문으로 발화하는 것이라고 할 수 있다. '명령 기능', '부탁 기능', '제안 기능'은 청자의 행동을 요구함으로써 청자의 자유 의지를 침범하게 되는 공통 속성을 가지고 있어서 모두 지시 기능의 하위 분류로 나눌 수 있다. 명령 기능은 강제성이 있는 반면에 부탁 기능과 제안 기능은 강제성이 없다는 점에서 명령 기능과 구별되며, 부탁 기능과 제안 기능은 화자가 청자로부터 이끌어내고자 하는 행동이 화자에게 이득이 되는지 아니면 청자에게 이득이 되는지에 따라 달라진다.

　앞에 설문 조사 결과에 대한 분석에서 언급했듯이 중국인 학습자는 명령 화행을 수행할 때 의문문으로 간접적으로 명령 의도를 표출하는 것보다 명령문으로 직접적으로 명령 의도를 표출하는 경우가 더 많다. 이것은 모국어 전이 때문에 중국인 학습자들은 직설적인 표현이 더 선호하는 원인도 있고 의문문으로 수행된 지시 화행과 직설적인 지시 화행의 차이를 잘 파악하지 못하는 원인도 있다. 의문문의 지시 화행을 가르칠 때 한국인 화자가 의문문으로 간접적으로 지시 화행을 수행하는 원인을 같이 제시하면서 교육할 필요가 있다고 본다.

2.6.1. 의문문 명령 기능의 교육 내용

명령 기능은 명령화법으로도 수행이 되지만 한국어 모어 화자는 일상회화에서 의문문으로 명령 기능을 수행하기도 한다. 의문문으로 수행하는 명령 기능은 직접 명령 화행보다 명령의 정도가 더 강하고 질책, 불만, 경고, 분노 같은 감정 색깔이 동반된다. 화자의 입장에서 청자가 발화 당시에 해야 할 일을 안 하고 있거나 하지 않아야 하는 행동을 하고 있는 것이다. 의문문을 통해 화자의 발화 표현이 강경하고 눈앞의 상황에 대한 불만을 남김없이 표출함으로써 청자는 선택할 여지가 없고 무조건 그 발언에 따르기만 하는 상황이다.

(62) ㄱ. 빨리 일어나!　　　　　(직적 명령 화행)
　　　ㄴ. 빨리 일어나지 못해?　　(간접 명령 화행)

예문 (62ㄱ)은 명령문으로 직접 명령 화행을 수행하고, (62ㄴ)은 의문문으로 간접적으로 명령 화행을 수행한다. (62ㄴ)은 의문문으로 화자의 불만을 전달하면서 올바른 행동을 하라고 재촉하는 표현이다. (62ㄴ)은 (62ㄱ)보다 명령을 따르지 않으면 심각한 결과를 초래할 경고가 내포되고 화자의 강한 태도가 엿보인다.

의문문으로 수행하는 명령 화행은 크게 어떤 행동을 하라고 재촉하는 화행과 반대로 어떤 행동을 하지 말라고 금지하는 화행으로 나눌 수 있다.

(63) ㄱ. 빨리 안 가?
　　　ㄴ. 왜 아직도 안 자니?

(64) ㄱ. 너 계속 이럴래?

ㄴ. 그만 먹지 못해?

예문(63)은 모두 청자에게 어떤 행동을 빨리 하라는 재촉 화행인데, 예문(63ㄱ)은 청자에게 빨리 가라고 하는 재촉이고, 예문(63ㄴ)은 빨리 자라고 하는 재촉이다. 예문(63)은 모두 청자에게 어떤 행동을 그만 하라는 금지 화행인데, 예문(64ㄱ)은 청자에게 그렇게 하지 말라고 하는 협박적인 발화이고 예문(64ㄴ)은 먹지 말라는 금지 화행이다.

의문문의 명령 기능을 실현하는 문법적 요소는 주로 아래와 같다.

1 종결어미

명령 기능을 수행하는 의문문에서는 청자가 낮은 위치에 처해 있어 화자의 권위를 나타내니 반말체 종결어미 '-아/어?', '-ㄹ래?'와 많이 공기된다.

(65) ㄱ. 빨리 옷 입지 않아?

ㄴ. 빨리 일어나지 못해?

(66) ㄱ. 너 정말 까불래?

ㄴ. 너 계속 이럴래?

종결어미 '-아/어/여?'로 끝맺는 예문(65)은 의문문의 형식이지만 '빨리 옷을 입어라', '빨리 일어나라'의 명령 화행을 수행하고 종결어미 '-ㄹ래'로 끝맺는 예문(66)은 '까불지 말라', '계속 이렇지 말라'의 명령 화행을 수행한다.

부정 표현은 의문문의 명령 기능을 수행하는 중요한 방식으로 '부정+의문'의 형식으로 강한 명령 기능을 수행한다.

(67) ㄱ. 빨리 안 가니?
ㄴ. 빨리 일어나지 못해?

한국어 부정 표현은 부정사에 따라 '안' 부정 표현, '못' 부정 표현, '말다' 부정 표현 세 가지 형식으로 나뉘는데, 의문문이 명령 기능을 수행할 때 같이 공기되는 부정 표현은 '안'과 '못'으로 이루어진 단형 부정이다.

(68) ㄱ. 이거 안 들겠니?
ㄴ. 이거 못 들겠니?

위의 예문(68ㄱ), (68ㄴ)은 다 화자가 청자에게 '이것을 들라'는 명령 기능을 수행할 수 있지만 명령의 정도가 다르다. 서정수(2006)과 김애화(2009)에서 예문(68ㄴ)의 '못' 부정이 예문(68ㄱ)의 '안' 부정에 비해 명령성이 높다.

③ 부사

의문문으로 수행하는 명령 기능은 대부분 어떤 행동을 빨리 하라는 재촉 명령이어서 '빨리', '얼른', '어서', '당장' 등과 같은 시간 부사와 많이 공기된다. 그리고 '좀'과 같은 정도를 나타내는 부사도 명령 기능을 수행할 때 많이 공기되어 강조 장치로 사용된다.

(69) ㄱ. 빨리 안 가니?
     ㄴ. 어서 일어나지 못해?
     ㄷ. 좀 조용히 하지 못해?
     ㄹ. 당장 나가지 못해?
     ㅁ. 당장 형한테 사과 안 해?

예문(69)에서 부사 '빨리', '어서', '좀', '당장' 등 부사는 명령 기능을 수행하는 데 결정적인 요소가 아니지만 화자의 의도를 강조해서 의사 소통 기능에 보충 설명의 작용을 한다.

학습자들은 의문문의 명령 기능을 수행할 때 같이 공기되는 부사를 많이 빠뜨렸다. 부사는 의문문의 명령 화행을 수행하는 데 결정적인 요소가 아니지만 의사소통 기능에 대한 보조적인 역할을 하기 때문에 발화 의도를 명확하게 표출하는 데 중요한 역할을 한다.

2.6.2. 의문문 부탁 기능의 교육 내용

청자에게 어떤 행동 요구를 명령문으로 수행시키면 말투도 비교적 딱딱하고 청자에게 거절의 여지 또한 줄 수 없기 때문에 한국어 모어 화자는 실생활에서 의문문으로 완곡하게 자기의 의도를 나타내는 것을 더 선호한다. 이처럼 의문문으로 화자의 지시를 부탁하듯이 말하는 기능을 본고에서는 '의문문의 부탁 기능'이라고 하겠다.

한국어 모어 화자가 실생활에서 부탁 화행을 많이 수행하는 원인은

Leech(1980)의 '공손의 원리'와 '체면의 원리'에서 찾을 수 있다. '공손의 원리'에 의하면 상대방에게 무슨 일을 부탁할 때 상대방을 배려해서 부담을 최대로 줄여야 원활한 의사소통이 진행된다. 이처럼 의문문으로 상대방에게 완곡하게 부탁하는 것이 '공손의 원리'에 적합한 것으로 상대방에게 선택의 여지를 주고 화자 자신의 의지를 상대방에게 억지로 부각시키는 것을 방지할 수 있다. 체면의 원리에 의하면 화자가 상대방의 체면을 고려하는 동시에 자기 자신의 체면도 지키려고 하는 것이다. 상대방에게 어떤 행동을 해달라고 할 때 거절당할 수도 있으므로 화자가 자신의 체면을 지키려는 의도로 의문문을 많이 사용한다. 이처럼 의문문으로 수행하는 부탁 화행은 직접적인 명령 화행보다 체면의 손상도를 최소화할 수 있다.

(70) ㄱ. 안으로 안 들어가시겠습니까?
ㄴ. 같이 안 들어가실래요?

예문(70)은 직접 지시 화행 '들어갑시다'보다 화자가 청자를 더 배려하는 목적에서 의문문으로 완곡하게 발화하는 것이다.

의향 기능과 부탁 기능은 모두 의문문의 형태로, 제안을 먼저 제출하는 것은 비슷하지만 화자의 발화 의도에 따라 구별이 된다. 의향 화행은 청자의 의향을 알아보는데 목적을 두지만 부탁 화행은 청자가 어떤 행동을 해주기를 원하고 그 행동을 해달라고 기대하는 것이다. 예를 들면, 의문문 "그 장난감 좀 보내 주겠니?"는 상대방이 장난감을 줄 의향이 있는지 없는지 묻는 질문처럼 보이지만 문장이 내포된 화자의 참된 의도는 보내줘 달라고 하는 것이다. 즉, 의향 기능을 수행하는 의문문은 미지 정보에 초점을 둔 것이고 부탁 기능을 수행하는 의문문은 행동에 초점을 둔 것이다. 이런 세밀한 차이를 잘 알아야 문장에 내포된 화자의 발화의도를 파악되고 원활한 의사소통이 이루어질 수 있다.

의문문의 부탁 기능을 실현하는 문법적 요소는 아래와 같다.

1 종결어미

의문문은 상대방의 의향을 묻는 방식으로 부탁 기능을 수행한다. 상대방의 의향을 묻는 의문형 종결어미 '-ㄹ래요?'가 있으며, 그 밖에 단순 질문 기능을 수행하는 '-아/어(요)', '-ㅂ니까/습니까' 등의 의문형 종결 어미도 다른 요소와 공기해서 부탁 기능을 수행할 수 있다.

(71) ㄱ. 논문을 좀 봐 주시겠습니까?
ㄴ. 논문을 좀 봐 주(시)겠어요?
ㄷ. 논문을 좀 봐 주실래요?
ㄹ. 논문을 좀 봐 줄 수 있어요?

위의 예문(71)은 모두 화자가 청자에게 자신의 의견을 의문문으로 완곡하게 요구하는 발화로 부탁 기능을 실현하는 데 여러 문법적 요소가 작용했다. 예를 들어 예문(71ㄱ)에서 의문형 종결어미 '-ㅂ/습니까?', 선어말어미 '-겠-', 부사 '좀', 구문 표현 '-아/어/여 주다'의 통합을 통해서 부탁 기능을 수행했다. 이 몇 가지 문법적 요소는 모두 화자가 자신의 의견을 더 부드럽고 완곡하게 표현하기 위해 사용되었다. 이어서 부탁 기능을 실현하는 다른 문법적 요소를 살펴보겠다.

2 ▒ 선어말어미 '-겠-'

선어말어미 '-겠-'의 양태 기능을 잘 파악하지 못해서 중국인 학습자는 부탁 기능을 수행하는 데 선어말어미 '-겠-'을 회피하는 경향이 보인다. 양태소인 '-겠-'은 상대방의 의향이나 의지를 묻는 방식으로 부탁 기능을 수행하는 의문문에서 화자의 발화력을 약화시키고 청자의 부담을 줄이거나 청자를 높이는 데 사용된다.

> (72) ㄱ. 논문을 좀 봐 주시겠어요?
>   ㄴ. 선생님, 오늘 숙제를 다시 한 번 말씀해 주시겠어요?

예문(72)에서 청자가 선생님이고 화자가 학생인 경우이다. 화자의 발화 의도는 '논문을 좀 봐 주세요', '숙제를 다시 한 번 말씀해 주세요'라고 부탁하는 것이다. 화자는 '-겠-'의 사용을 통해서 상대방의 의향을 묻는 방식으로 청자를 높이고 발화력을 약화시켜서 부드럽게 자신이 부탁하는 바를 제시하였다.

3 ▒ 부사

부탁 기능을 수행하는 의문문에서 이득을 얻는 사람은 화자이기 때문에 발화할 때 '공손의 원리'를 잘 지켜야 한다. 그렇기 때문에 의문문과 함께 부사 '좀'을 완화 장치로 많이 쓴다.

> (73) ㄱ. 논문을 좀 봐 줄 수 없습니까?
>   ㄴ. 논문을 좀 봐 주시겠어요?

예문(73)은 부사 '좀'이 완화장치로 화자의 부탁 의향을 더 완곡하게 표출하게 한다. 한국인 화자는 중국인 화자보다 완곡한 표현을 더 선호하기 때문에 한국어의 완곡한 표현이 풍부하다. 의문문이 부탁 화행을 수행할 때 여러 가지 완화장치가 겹쳐서 사용하는 경우가 많다. 부사 '좀'은 완화장치의 하나로서 학습자에게 제시할 필요가 있다.

4 구문 표현

구문 표현은 의문문의 다양한 기능을 수행하는 데 중요한 역할을 하는데 부탁 기능을 수행하는 의문문에서 통사구조가 공기되는 경우가 많다. 부탁 기능을 실현하는 의문문에서 사용빈도가 높은 구문 표현으로는 '-아/어/여 주다', '-ㄹ 수 있다/없다' 등이 있다.

① -아/어/여 주다

'아/어/여 주다'는 다른 사람을 위해 어떤 행동을 하는 것을 나타내는 구문 표현으로 부탁 기능을 수행하는 의문문에서 청자가 화자에게 어떤 행동을 해 준다는 것을 나타낸다. 이때, 화자가 이득을 얻는 사람이기 때문에, '-아/어/여 주다'를 통해서 청자를 높인다.

(74) ㄱ. 논문을 좀 봐 주실 수 있어요?
　　　ㄴ. 창문을 좀 열어 줄래요?

② -ㄹ 수 있다/없다

구문 표현 '-ㄹ 수 있다/없다'는 어떤 일을 할 능력을 있는지 문의하
거나 상대방의 의향을 문의할 때 사용한다. 청자에게 의향을 물어보는
방식으로 의문문 종결 표현 '-아/어(요)', '-ㅂ/습니다'과 같이 공기해서
부탁 기능을 수행한다.

    (75) ㄱ. 논문을 좀 봐 줄 수 있어요?
         ㄴ. 저를 좀 도와 줄 수 없나요?

구문 표현 '-ㄹ 수 있다/없다'는 중국어의 양태동사 '能'의 화용 기능
이 유사하니 중국인 학습자들은 의문문으로 부탁 기능을 수행할 때 많
이 사용한다. 그러나 설문 조사의 결과에 의하면 한국인 모어 화자는
의문문으로 부탁 화행을 수행하는 경우에 종결어미 '-ㄹ래요'와 다른
문법 요소로 구성된 '논문을 좀 봐주실래요?' 및 선어말어미 '-겠-'과 다
른 문법 요소로 구성된 '논문을 좀 봐주시겠어요?'를 더 많이 사용한다.
의문문의 부탁 기능을 교육할 때 구문 표현 '-ㄹ 수 있다/없다'와 대비
하면서 다른 문법적 요소를 제시할 필요가 있다.

2.6.3. 의문문 제안 기능의 교육 내용

제안 기능이란 화자가 의문문을 통해서 청자에게 어떤 제안을 내면
서 완곡하게 화자의 의도를 표현함으로써 청자가 어떤 행동을 하도록
제안하는 것이다. 화자의 어떤 행동이 청자에게 이득이 된다는 생각에

서 의문문으로 설득하는 것이다. 상대방에게 새 정보를 요구하는 기능의 의문문과는 달리 의문문의 제안 기능은 오히려 상대방에게 새 정보를 제공한다. 의문문으로 제안 화행을 수행하면 직접적인 제안 화행보다 상대방의 체면을 지켜주고 상대방에게 강요하는 느낌을 덜 줄 수 있다. 제안 기능을 이루는 의문문에서 화자의 발화는 청자의 이득을 핵심으로 이루어지고, 이때 화자는 청자의 행동을 강요하지 않고 이유를 말하면서 그렇게 행동함을 설득하는 것이다. 제안 기능은 행동의 주체에 따라 청자 단독으로 행동하는 '청자 행동 제안'과 청자와 화자가 같이 행동하는 '청자·화자 공동 제안'으로 나눌 수 있다.

① 청자 행동 제안

청자 행동 제안은 화자 자신이 행동할 의도가 없고 단순히 청자에게 어떤 행동 제안을 제공할 뿐이다. 청자는 이 제안을 받으면 단독으로 행동하고 행동의 주체는 2인칭으로만 국한된다.

(76) ㄱ. 다시 해 보지 않을래요?
ㄴ. 이 문제를 좀 맞춰 보실래요?
ㄷ. 문제 한번 맞춰 보시겠습니까?

위의 예문들은 화자의 발화 의도는 미지 정보의 결여에 초점을 맞춘 것이 아니라 청자가 그렇게 행동함을 설득하는 것이다.

② 청자·화자 공동 제안

　화자가 청자와 어떤 행동을 함께 하기를 원할 때 의문문으로 제안을
제시하는 경우가 많다. 이런 발화는 주로 공적인 장소가 아닌 사적인
장소에서 많이 쓴다.

　　(77) ㄱ. 같이 해 보지 않을래요?
　　　　 ㄴ. 한 번 더 해 볼까요?

이어서 의문문의 제안 기능을 실현하는 문법적 요소를 살펴보겠다.

▐ 종결어미

　제안 기능을 수행하는 의문형 종결어미는 부탁 기능을 수행하는 의
문형 종결어미와 비슷하다. 주로 단순 질문 기능을 수행하는 '-아/어
(요)?', '-ㅂ니까/습니까?' 등 의문형 종결 어미 및 의향을 나타내는 의향
기능 종결 어미 '-ㄹ래(요)?', '-ㄹ까(요)?'가 있다. 화자보다 지위가 낮
은 청자에게는 높임보다 친근감을 주려는 의도에서 사용된다.

　　(78) ㄱ. 이 원피스를 한번 입어 보시지 않을래요?
　　　　 ㄴ. 다시 한 번 해 보지 않겠어요?
　　　　 ㄷ. 문제 한번 맞춰 보시겠습니까?
　　　　 ㄹ. 우리 같이 한 번 더 해 볼까요?

　예문 (78)은 청자의 의향을 묻는 방식으로 완곡하게 청자에게 '원피
스를 입어 보세요', '다시 한 번 해 보세요', '문제를 맞춰 보세요', '같이

한 번 더 해 봅시다'의 제안을 제출했다.

2 ▨ 선어말어미 '-겠'

'-겠'은 제안 기능을 수행하는 의문문에서 주로 화자의 의향을 물어
보는 방식으로 제안을 한다.

(79) ㄱ. 이쪽으로 오시겠어요?
　　ㄴ. 다시 한 번 해 보지 않겠어요?

예문(79)에서 화자는 '-겠'을 사용하여 화자의 의향을 묻는 방식으로
자신의 제안을 제출했다. 화자는 이 같은 형식의 의문문을 사용해서 자
신의 발화력을 약화시켜 청자에게 부드럽게 들리도록 배려하고 있다.

3 ▨ 부정 표현

간접 제안 화행은 청자에게 부담을 줄이는 목적으로 사용되는 화행
이므로 발화에서 부정 표현을 완화하는 장치로 많이 사용된다. 부정
표현으로 제안 기능을 수행하는 의문문에서는 흔히 장형 부정 '-지 않
다'와 같이 공기된다.

-지 않아요?

(80) 가: 일이 다 끝났는데 이제 가도 되지 않아?
　　나: 응, 가도 될 것 같아.

-는 게 -지 않아요?

(81) ㄱ. 택시를 타는 게 더 빠르지 않아요?

ㄴ. 영어로 말하는 게 쉽지 않아요?

ㄷ. 침대에서 자는 게 더 편하지 않아요?

예문(80~81)은 부정 표현적인 의문문을 통해서 청자에게 완곡하게 제안을 했다. 의문문은 건의나 권고를 나타낼 때 부정 표현과 결합해서 같이 하는 경우가 많다. 이것은 부정의 표현은 긍정 표현보다 건의하거나 권고할 때 더 완곡하므로 한국 사회의 예의성을 더 세밀하게 나타날 수 있다.

4 ▌ 통사적 표현

통사적 표현 '-지 그래요?/그러세요?'와 '-(으)면 어떨까(요)?/어때요?'는 여러 문법적 요소의 결합으로 완곡하게 청자에게 제안한다. '-지 그래요?/그러세요?'는 완곡하게 조언하거나 권유함을 나타낸다. '-(으)면 어떨까(요)?/어때요?'는 가정을 나타내는 연결어미와 의향을 나타내는 형용사 '어떻다'가 같이 통합해서 이루어진 통사구조로 상대방의 의향을 물어보는 방식으로 제안한다.

-지 그래요? /그러세요?

(82) ㄱ. 그렇게 서두르지 말고 좀 천천히 하지 그래요?

ㄴ. 아침부터 아무것도 먹지 않던데, 뭘 좀 먹지 그래?

ㄷ. 피곤한 것 같은데 집에서 쉬지 그러세요?

ㄹ. 감기에 걸린 것 같은데 병원에 가지 그러세요?

ㅁ. 바쁘지 않으면 그 사람을 오늘 만나지 그러세요?

-(으)면 어떨까(요)?/어때요?

    (83) ㄱ. 저랑 같이 가면 어떨까요?/어때요?

         ㄴ. 택시를 타는 게 어때요?

2.7. 의문문 정표 기능의 교육 내용

    의문문의 정표 기능이란 화자가 의문문을 통해서 말하는 사건에 대한 감정을 나타낸다. 이때, 화자의 발화 의도는 상대방에게서 정보를 얻으려고 하는 것이 아니라 의문문의 형식으로 화자의 강한 감정을 털어놓는다. 한국인 화자들은 일상회화에서 의문문으로 감탄, 불만, 염려, 협박 등 다양한 감정을 표출한다.

    (84) 얼마나 아름다운 세상입니까?   (감탄)

    (85) 너 죽을래?   (협박)

    (86) 네가 돈을 벌면 얼마나 벌겠니?   (경멸)

    (87) 가: 비가 옵니다.

         나: 비가 온다고?   (놀라움)

    예문(84~87)은 화자의 다른 감정을 나타냈다. 예문(84)는 세상이 참 아름답다고 감탄하면서 화자가 살고 있는 시대에 대한 사랑을 나타냈다. 예문(85)는 상대방에게 죽고 싶냐고 물어보는 것이 아니라 어떤 행동을 그만하지 않으면 심각한 결과가 일어날 거라고 협박하는 것이다. 예문(86)은 청자에게 돈을 얼마나 버느냐를 묻는 것이 아니라 청자가 돈을 얼마 벌지 못한다고 비웃는 것이다. 예문(87)은 화자 '나'가 비 온다고 하는 선행 발화를 믿지 못해서 다시 확인하는 것이 아니고, 자신이 비가 왔다는 상황을 예상하지 못해서 놀랍다는 감정을 표출하는 것이다.

의문문으로 화자의 감정을 표출하는 언어 현상에 대한 연구는 있지만 이런 현상이 생성된 원인에 대한 연구는 아직 없다. 본고는 인지언어학을 토대로 명제 개념을 도입해서 의문문의 정표 기능이 생성된 원인을 규명해보자고 한다.

  (88) 너 미쳤어?
  (89) 너 죽을래?

'너 미쳤어?'와 '죽을래?'는 의문 기능을 수행하는 의문문이라면 2개 명제가 포함되어야 한다. 즉 예문(88)은 '청자가 미쳤다'와 '청자가 미치지 않았다'의 두 명제, 예문(89)는 '청자가 죽고 싶다'와 '청자가 죽고 싶지 않다'의 두 명제가 포함된다. 그러나 물어보나마나 긍정적인 명제인'청자가 미쳤다'와 '죽고 싶다'는 상식에 어긋나는 명제이니 합리적이지 않다. 부정적인 명제'청자가 미치지 않았다'와 '청자가 죽고 싶지 않다'만 남았다. 이 같은 명백한 사실에 대해 질문하는 화자의 참된 발화 의도는 반문의 형식으로 '불만, 분노, 놀라움' 등 화자의 감정을 표출하는 데 있다.

이어서 구체적인 의문문의 정표 기능을 실현하는 문법적 요소를 살펴보겠다.

2.7.1. 의문형 종결표현

앞에서 설문 조사의 결과 분석을 통해서 알 수 있듯이 외국인 학습자에게 유사한 종결어미의 구별이 학습의 난점이다. 정표 기능을 수행하는 한국어 종결어미는 주로 '-다고요'와 '-다니(요)', '-ㄹ래요'가 있다. '-다고요'와 '-다니(요)'는 주로 화자의 놀라운 감정을 나타내고 '-ㄹ래요'는 주로 불만, 비난, 협박 같은 부정적인 감정을 나타낸다.

-다고요/-(느)ㄴ다고요

(90) 가: 가게가 생각보다 좁네요!
　　 나: 좁다고요?
(91) 가: 선생님, 종이를 다 썼어요.
　　 나: 그렇게 많은 걸 벌써 다 썼다고요?

예문(90~91)은 선행 발화를 옮기면서 화자의 '놀라움', '못마땅함'의 감정을 나타냈다. 의문문의 정표 기능은 제보 기능과 같이 공기하는 경우가 많다. 예문(90)은 화자의 놀라운 감정을 나타내는 동시에 '가게가 좁지 않다'는 주장도 같이 표출했다.

-다니(요)!/(이)냐니요!/라니요!/자니요!

(92) 가: 오늘 다 만드세요.
　　 나: 오늘 다 만들라니요! 말도 안 돼요.
(93) 가: 밥이 너무 많아요.
　　 나: 많다니요! 한 그릇은 먹어야 해요.
(94) 가: 어제 영화 재미있었어요?
　　 나: 영화라니요? 무슨 영화요?

예문(92~94)는 선행 발화를 반복하는 방식으로 화자의 놀라운 심적 태도를 나타냈다. 종결어미 '-다고요'와 '-다니(요)'는 의문문에서 질문 기능보다는 정표 기능을 수행하는 경우가 많고 주로 화자가 들은 내용에 대해 동의하지 않고 들은 내용을 확신이 없거나 놀랄 때 쓴다. '-다고요'는 다른 사람의 말을 듣고 놀랐고 그 말에 동의할 수 없을 때 사용한다. '-다니요'는 믿기 어려울 정도로 놀랐을 때 쓴다. 뜻밖의 일이라서 놀라거나 감탄함을 나타낸다. 학습자들은 두 종결어미의 미세한 차이를 대비하면서 교육할 필요가 있다.

위의 두 종결어미가 놀라운 감정을 나타내는 것과 달리 의문형 종결어미 '-ㄹ래?'는 주로 협박, 불만, 비난 등 감정을 나타낸다.

(95) ㄱ. 내 말을 안 들을래?
ㄴ. 너 죽을래?
ㄷ. 너 까불래?

예문(95)는 화자가 청자에게서 대답을 구하는 것이 아니라 청자에게 불만, 비난 등 감정을 표출했다. 설문 조사 결과 분석에서 언급했듯이 중국인 학습자들은 상대방의 의향을 묻는 종결어미 '-ㄹ래?'에 대해 아직 익숙하지 않다. '-ㄹ래?'로 감정을 나타내는 데 더욱 서투르다. 그러기에 '-ㄹ래?'로 끝난 의문문의 정표 기능을 더 강조해서 학습할 필요가 있다.

2.7.2. 부정 표현

정표 기능과 같이 공기되는 부정 표현은 주로 형용사 '아니다'로 이루어진 표현을 말한다. 화자가 부정 표현으로 자기의 부정적인 주장을 나타내면서 완곡하게 불만이나 비난 같은 감정을 표출한다.

(96) ㄱ. 김철수 씨, 지각을 너무 많이 하는 것 아니야?
ㄴ. 네가 한 짓이 아니야?

예문(96)은 화자가 부정적인 의문문을 통해서 청자에게 '지각을 많이 했다', '네가 한 짓이다'같은 화자의 주장이나 생각을 전하면서 화가의 비난, 불만 등 같은 심적 태도도 완곡하게 보여줬다. 한국어의 부정 표현이 여러 가지 있는데 부정적인 감정을 나타낼 때 형용사 '아니다'로 이루어진 통사표현을 많이 사용한다.

2.7.3. 구문 표현

구문 표현은 언어 자체의 특색이 강하니 모국어와 목표어에서 서로 대응하는 형태를 찾기 어렵다. 그러므로 의문문 교육에서는 기능과 결합해서 사용빈도가 높은 구문 표현을 제시할 필요가 있다. 구문 표현 '-는단 말이다'는 의문문형 종결어미와 통합되어 의문문의 정표 기능을 수행하는 경우가 많다. 선행 발화의 내용을 믿지 못하는 화자의 놀라움을 나타낸다.

-는단/ㄴ단/단/이란 말이에요?
(97) 가: 날씨가 추워서 한강이 얼었대요.
나: 그렇게 춥단 말이에요? 내일은 옷을 좀 더 입고 가야겠네요.
(98) 가: 냉장고에 있던 피자 내가 다 먹었어.

나: 네? 그 많은 피자를 혼자 다 먹었단 말이에요?

(99) 가: 제임스 씨는 어제도 도서관에서 1시까지 공부하던데…….

나: 시험도 끝났는데 그렇게 열심히 공부한단 말이에요?

예문(97~99)는 구문 표현 '-는단 말이다'로 구성된 의문문으로 화자
가 '그렇게 춥다', '그 많은 피자를 혼자 다 먹다', '시험 끝나고도 열심히
공부한다'라는 사실에 대한 놀라운 감정을 강조하여 나타냈다.

2.8. 의문문 인사 기능의 교육 내용

의문문은 흔히 근황이나 건강을 묻는 방식으로 의례적인 용어처럼
쓰인다. 이 같은 의례적인 질문은 의문문의 인사 기능이라고 한다. 이
럴 때 화자는 청자의 대답을 궁금해 하는 것이 아니라 의문문으로 화제
를 꺼내 청·화자 서로간의 친근감을 느끼게 하면서 원활한 인간관계를
유지하는 데 목적이 있다. 질문을 받는 청자도 질문을 명확하게 대답할
필요가 없고 의례적으로 애매모호하게 대답하면 된다. 이 같은 의례적
인 질문은 교제행위의 구성원으로서 상대방에게 예의나 관심을 보여주
는, 본격적인 대화의 준비단계로 볼 수 있다. 인사 기능을 수행하는 의
문문은 실제적인 내용도 없고 상대방에게서 대답 요구도 없지만 화자
와 청자 서로에게 만족감을 가져온다. 실속이 없는 의문문이지만 안
하면 무관심하고 예의 없어 보일 수도 있다. 한국인들이 흔히 인사말처
럼 사용하는 '식사하셨어요?', '퇴근하셨어요?', '어디 가요?' 등의 의문문
은 중국에서도 이와 대응되는 '吃饭了吗?', '下班了?', '去哪啊?' 등의 의문
문이 있다. 문화 차이 때문에 서양 청자들은 이와 같은 질문들을 예의

에 벗어난 사적인 질문이라고 생각할 수 있지만 같은 동양문화권의 중국인 화자는 태연하게 수용할 수 있다. 이것은 의문문의 인사 기능이 한국어와 중국어에서 상당히 유사하기 때문이다.

(100) ㄱ. 식사하셨어요?   (吃完饭了?)
      ㄴ. 출근하세요?   (上班去?)
      ㄷ. 퇴근하셨어요?   (下班啦?)
      ㄹ. 왔어요?   (你来了?)

위의 한국어 예문과 대응하는 중국어 예문들은 모두 인사 기능을 수행하는 의문문이다. 화자의 발화 의도는 제보 요구가 아니고 청자에게 예의나 관심을 보여주려고 하는 의례적인 질문이다. 이런 질문을 받은 청자는 화자의 의도를 잘 파악하고 의례적으로 대답하면 된다.

인사 기능을 수행하는 의문문은 관례적으로 사용되기 때문에 기능을 실현하는 문법적 요소가 상황에 따라 다르다. 규칙적으로 사용하는 기능 실현 요소를 귀납하지 못하니 여기서는 설명하지 않겠다.

외국어 교육에서는 보통 문장이 이루어지는 요소를 분리해서 교육한다. 어휘는 어휘대로, 문법은 문법대로 교육했다. 그러나 의사소통의 기본 단위인 문장은 여러 요소에 의해 결합된 통일체이다. 문장의 구성 요소를 학습했다고 해서 문장에 대한 학습이 끝났다고 보기 어렵다. 그동안의 의문문 교육은 주로 의문형 종결어미와 의문사에 초점을 두고 해왔다. 의문형 종결어미와 의문사는 의문문을 이루는 중요한 요소이지만 이 두 요소에 대한 이해만으로는 상황에 맞는 올바른 의문문을 생성할 수 없다. 본장은 문장 생산국면에서 보다 적극적으로 개입할 수 있는 문법 지식이 무엇인지를 밝히고 의문문의 다양한 기능을 이루는 문법적 요소를 살펴보았다. 의문문을 의사소통 기능을 중심으로 체계화한 다음에 학습자의 의문문 활용 능력을 향상시킬 수 있는 실제적 의문문 교육 내용을 마련했다. 학습자들은 의문문에 대한 2차 교육을 통해 의문문에 더욱 민감해지면서 여러 요소를 자신의 의도대로 활성화 시켜 가며 의문문의 구사능력을 갖추게 될 것이다.

인지 전략을 활용한
의문문 교수·학습 방안

IV장에서는 의문문의 기능 체계를 정리하였고 V장에서는 의문문의 다양한 기능을 실현하는 문법적 요소를 살펴봤는데 본 장에서는 IV장과 V장에서 분석한 내용을 바탕으로 중·고급 학습자를 위한 효율적인 의문문 교육 방안을 모색하고자 한다. 따라서 체계적인 의문문 교육의 전제를 제시하고 의문문 교육의 단원 구성을 정리한 후, 인지 전략을 활용한 의문문 교수·학습 방법을 제시하고 의문문 교육 실제를 마련하고자 한다.

1. 의문문 교육의 전제 및 내용

1.1. 의문문 교육의 전제

1970년대부터 외국어 교육을 연구하는 교사와 학자들은 어떤 특정 언어 교수법도 외국어 지도의 보편적인 성공으로 이어지지 못한다는 것을 깨닫게 되었다. Rubin(1975)과 Stern(1975)은 우수한 학습자의 특징에 대해 탐구한 결과로 성격, 유형, 전략 세 가지 측면에서 우수한 언어 학습자를 규명했다(Brown, 2010:140 재인용). 그 후에 전략은 외국어 학습의 중요한 요소로 외국어 교육 분야에서 곧잘 논의되었다. Chamot(2005:112)은 전략(strategy)이란 넓은 의미에서 '학습 과업 수행을 도와주는 절차이며 대부분 의식적으로 사용되고 특정한 목표에 의해 유도되는 것'이라고 정의한다. 본고에서는 외국어 학습 전략을 '학습 효과를 향상시키기 위해서 학습자들이 사용하는 다양한 수단이나 기법'이라고 정의한다. 다양한 전략을 교실 학습에 적용하려는 교사나 연구가들의 많은 노력은 일반적으로 전략 중심 지도법(SBI) 또는 학습자 전략 훈련으로 알려져 왔다. 외국어 학습 과정에서 전략 중심 지도법을 사용해서 다양한 학습 전략을 도입하는 것은 학습자가 자기 주도적으로 부딪히는 문제를 해결하고 효과적인 학습이 이루어지는데 긍정적인 효과가 있다. 인지 전략은 학습자가 외국어를 학습하는데 필수적인 전략으로 학습자가 새로운 정보를 이해하고 기억하는 데 효율적이다. 전략에 대한 분류는 학자마다 조금씩 차이가 나지만 인지 전략은 언어에 대한 일련의 통제 과정으로서 주의를 집중하고, 학습하고, 기억하고, 사고할 때 개개인의 학습 행동을 지배하는 조직적 기능이기에 많은 학자들에게서 언급된다. 본 연구는 주로 인지 전략을 활용해서 의문문 교수·학습 실제를 마련하고자 한다. 이 같은 인간의 인지 특성에 부합한 인지 전략을 외국어학습에 도입하면 학습자들이 더 쉽고, 효과적이며, 더욱 자기 주도적으로 학습을 이룰 수 있다. 인지 전략에 대한 상세한 분류에서 가장 잘 알려진 것으로는 Oxford의 인지 전략의 분류와

Brown의 분류이다.

〈표 36〉 Oxford(1990)의 인지 전략의 분류

인지 전략	연습	반복 발음, 쓰기 체계를 통한 형태 중심의 연습 공식화된 상토적인 표현이나 문형을 인지하고 활용 재결합 자연스러운 상황에서 연습
	메시지 주고 받기	아이디어 빨리 얻기 메시지를 주고 받기 위한 자원의 활용
	분석과 추론	연역적 추론 표현 분석 언어 간 대조적 분석 번역 전이
	언어 입력 및 출력을 위한 정보의 조직화	노트 정리 요약 요점 정리

Oxford(1990)는 전략을 직접 전략과 간접 전략을 나눈 다음에 직접 전략은 다시 기억, 인지, 보상 전략으로 나누고, 간접 전략은 다시 상위 인지, 정의적, 사회적 전략으로 나눴다.

〈표 37〉 Brown(2010)의 인지 전략 분류

반복	겉으로 드러나는 명시적 연습이나 속으로 하는 시연을 포함하여 언어 표현 모델을 모방해 봄
자료 활용	목표 언어 참고 자료를 활용함
번역	제2 언어를 이해하고 산출하기 위한 근거로 제1 언어를 활용함
집단화	고통 속성을 근거로 학습할 수 있도록 자료의 순서를 다시 매기거나, 다시 분류하거나 또는 명명함

노트 정리	구두로 또는 문자 언어로 주어진 정보의 주요 내용, 요점, 개요, 요약을 기록함
연역	제2 언어를 발화하고 이해하는 데 의식적으로 규칙을 적용함
재결합	이미 아는 요소들을 새로운 방식으로 조합하여 유의한 문장 또는 더 긴 언어 단위를 구축함
형상화	친숙하고 쉽게 기억해낼 수 있는 시각화, 관용구 또는 위치 소재를 통해 새로운 정보를 기억 속의 시각적 개념과 연관시킴
청각적 표상	단어, 구, 좀 더 긴 언어 단위의 발음이나 유사한 발음을 기억 보존함
핵심어	(1)새로운 제2 언어 단어와 발음이 비슷하거나 유사한 제1 언어의 친숙한 단어를 찾아냄으로써, (2)이미 친숙한 단어와의 관계를 쉽게 기억해낼 수 있는 형상을 만들어냄으로써 제2 언어의 새로운 단어를 기억함
문맥화	단어나 구를 문장, 단락과 같은 더 넓은 범위에 의한 언어 단위 안에 배열해 봄
상세한 설명	새로운 정보를 기억하고 있는 기존의 다른 개념과 연관시킴
전이	새로운 언어 학습 과업을 용이하게 하기 위해 기존에 습득한 언어적 또는 개념적 지식을 사용함
추론	새로운 요소의 의미를 추측하거나 결과를 예측하거나 빠진 정보를 메우기 위해 이용 가능한 정보를 사용함

Brown(2010)은 전략을 학습 전략과 의사소통 전략으로 나눈 다음에 다시 학습 전략을 상위 인지 전략, 인지 전략, 사회 정의적 전략으로 나누고 의사소통 전략은 회피 전략, 보상 전략으로 나눈다.

Oxford(1990)와 Brown(2010)이 다양한 인지 전략을 제시했는데도 불구하고 학습자들은 실제 학습과정에서 이보다 훨씬 다양한 전략을 사용하고 복합한 전략 형태로 학습 목표를 달성한다. Oxford(1990)와 Brown(2010)의 전략에서 2차적인 의문문 교육에 적절한 전략을 추출하면 아래와 같다.

〈표 38〉 의문문 교육에서의 인지 전략

학습 전략	구체적인 내용
반복	외국어를 능숙하게 구사하기 위해서는 반복하는 과정이 필요하다. 문법 수업에서 이미 배운 의문문 지식을 의사소통 기능을 중심으로 다시 체계적으로 정리하는 과정은 바로 반복하는 과정이다.
재결합	이미 배운 문법요소를 새로운 방식으로 조합하여 의문문의 다양한 의사소통 기능을 실현한다.
연역적 추론	교사가 학습자를 인도해서 모국어 경험으로 주어진 상황에 한국어 의문문의 기능을 추론한다.
언어 간 대조	한국어와 중국어의 대조·분석을 통해서 중국인 학습자의 모국어 전이로 인해 생긴 오류를 규명하고 긍정적인 전이를 늘리고 부정적인 전이를 줄인다.
요점 정리	구두어 또는 문자 언어로 배운 내용을 요약하고 정리하는 방식을 통해서 학습자가 배운 의문문에 대한 새로운 지식을 강화한다.

외국어 학습(Learning)은 모국어 습득(Acquisition)과 다르다. 어린이들은 모국어를 습득으로 익히지만 성인 학습자들은 외국어를 학습으로 익힌다. 따라서 성인 학습자들은 외국어를 학습할 때 인지적 측면을 많이 강조하고 인지 전략을 많이 사용하게 된다. 외국어 학습 측면에서의 인지를 정의하면 주로 기존의 모국어 지식을 적용하여 외국어 학습 효과를 높이는 사고 방법이라고 할 수 있다. 본고는 특정한 언어 교수·학습 상황에서 적절한 인지 전략을 사용해서 학습자들이 더 쉽고, 효과적이며, 자기주도적으로 학습 목표를 달성하게 하는데 목적이 있고 이런 전략적인 교수·학습을 통해서 중·고급 학습자들의 의문문 화용 능력을 신장시키고자 한다.

1.2. 단원 구성

앞서 제시한 기능 중심의 의문문 교육 내용을 정리하여 10개 단원으로 문법 수업 내용을 구성했다. 〈단원1〉은 의문문의 기능 체계에 대한 전반적이 소개이고 나머지 9개 단원은 의문문을 기능별로 살펴보았다. 구체적인 학습 내용은 다음과 같다.

〈표 39〉 의문문 교육의 단원 구성

순	교육 내용		
1		단원명	의문문 기능 체계 개관
		교육 목표	의문문에 대해 전반적인 파악
		교육 방법	관찰·탐구 학습으로 학습자들이 의문문의 다양한 기능과 기능을 수행하는데 영향을 주는 요소를 발견하고 항목별로 귀납하게 한다.
		교육 내용	의문문의 체계 분류 의문문의 다양한 기능을 이루어지는 항목 소개
2		단원명	단순 의문 기능
		교육 목표	단순 의문 기능과 단순 의문 기능을 이루는 요소를 파악하기
		교육 방법	하향식 접근법으로 단순 의문 기능을 이루는 요소를 파악하기
	교육 항목	의문형 종결어미	'-아/어/여(요)', '-세요', '-냐', '-니', '-나(요)', '-습니까?', '-는가/ㄴ가/-던가' -지(요)?, -는데(요)?
		의문사	
3		단원명	의향 기능
		교육 목표	의향 기능과 의향 기능을 이루는 요소를 파악하기
		교육 방법	하향식 접근법, 대조, 인지 전략
	교육 항목	종결 어미	-(으)ㄹ까(요)?, -(으)ㄹ래요?
		선어말어미	'-겠-'

		형용사	어떻다
		구문 표현	아/어/여 주다(드리다)
4	**단원명**		**추측 기능**
	교육 목표		추측 기능과 추측 기능을 이루는 요소를 파악하기
	교육 방법		하향식 접근법, 대조, 이지 전략
	교육 항목	종결 어미	-(으)ㄹ까요?
		부정 표현	-ㄴ 것 아니야(아니예요)?/아닐까(요)?/아니겠지(요)?, -지 않을까(요)?, -N이/가 아니야(아니에요)?/아닐까(요)?/아니겠지(요)
		부사	혹시, 설마,
5	**단원명**		**확인 기능**
	교육 목표		확인 기능과 확인 기능을 이루는 요소를 파악하기
	교육 방법		하향식 접근법, 대조, 이지 전략
	교육 항목	종결 어미	-다고요/-(느)ㄴ다고요?, -지(요)?, -는다면서요?/ㄴ다면서요?/다면서요?/이라면서요?
		부정 표현	-지 않아요?, 설마 -는/은/ㄴ 건 아니겠지요?, 안 그래?
		형용사	어떻다
		구문 표현	-다/자/냐/라는 말이에요?, 그렇지?
6	**단원명**		**제보 기능**
	교육 목표		제보 기능과 기능을 이루는 요소를 파악하기
	교육 방법		하향식 접근법, 대조, 이지 전략
	교육 항목	연결어미	-(으)ㄴ들
		부사 의문사	누가 감히/감히 누가, 어느 누가, 그 누구, 뭐(가) 그리, 어찌 감히, 어찌 아니, 이 어찌
			-(으)ㄴ 게 (다)뭐예요?, -N(이)가 어디 있어요?, -면 뭘 해요?, -어서야/아서야/여서야 어디 -겠어요?, 설마 Vst+았/었다고 어떻게 되겠어요?, 어디 Avst 다 뿐이겠는가?, 어디 Vst 았/었다 뿐이겠는가?
		부정 표현	-지 않겠습니까?, -(으)면 (으)ㄴ/는 거 아니에요?
7	**단원명**		**부탁 기능**
	교육 목표		부탁 기능과 부탁 기능을 이루는 요소를 파악하기
	교육 방법		하향식 접근법, 대조, 이지 전략

	교육 항목	종결 어미	ㄹ래(요)?, -아/어요?, ㅂ/습니까?
		선어말어미	-겠-
		부사	좀
		구문 표현	-아/어/여 주다, -ㄹ 수 있다
8	단원명		명령 기능
	교육 목표		명령 기능과 명령 기능을 이루는 요소를 파악하기
	교육 방법		하향식 접근법, 대조, 이지 전략
	교육 항목	종결어미	-아/어?, -ㄹ래?
		부사	빨리, 어서, 좀, 당장
		부정 표현	안, 못, -지 않다, -지 못하다
9	단원명		제안 기능
	교육 목표		제안 기능과 제안 기능을 이루는 요소를 파악하기
	교육 방법		하향식 접근법, 대조, 이지 전략
	교육 항목	종결 어미	ㄹ래(요)?, -아/어요?, ㅂ/습니까?
		부정 표현	-지 않아요?, -는 게 -지 않아요?
		선어말어미	-겠-
		통사적 표현	-(으)면 안 돼요?, -지 그래요?, -지 그러세요?, -(으)면 어떨까요?/어때요?
10	단원명		정표 기능
	교육 목표		정표 기능과 정표 기능을 이루는 요소를 파악하기
	교육 방법		하향식 접근법, 대조, 이지 전략
	교육 항목	종결어미	-다고요/-(느)ㄴ다고요, -다니(요)!/(이)냐니요!/라니요!/자니요!
		부정 표현	는 것 아니다
		구문 표현	는단/ㄴ단/단/이란 말이에요?

2. 의문문의 교수·학습 실제

2.1. 의문문의 교수·학습 방법

2.1.1. 귀납 추론 전략 활용하기

귀납 추론은 인지 전략의 중요한 전략으로 외국어 학습에서 학습자 주체 학습에서 많이 사용되는 학습 전략이다. 전통적인 문법 수업은 교사 위주로 이루어지기 쉽다. 이것은 문법은 설명위주로 진행하는 특징을 갖기 때문이다. 문법을 이해하는 데 교사의 설명이 중요하고 필요하다는 것은 예나 지금이나 학계에서 공인을 받았다. 문법의 이런 특징 때문에 교사가 수업에서 학습자에게 문법을 제시하면서 설명하는 과정이 필요하다. 그러나 문법을 제시하고 설명하는 단계에서는 자칫 교사의 설명이 길어지고, 일방적인 주입식 교육이 이루어져 교사 중심의 강의가 되기 쉽다. 문법 수업에서 교사의 설명도 필요하나 학습자 스스로 생각하고 귀납하는 과정도 중요하다. 학습자들이 스스로 생각하는 과정을 통해서 학습자들은 비로소 이 문법을 확실히 이해할 수 있다.

의문문에 대한 지식이 없는 초급 학습자들과 달리 중·고급 학습자들은 이미 의문문 종결어미, 의문사, 통사구조 등 의문문이 이루어지는 구성요소들에 대해 어느 정도 알고 있다. 교사는 처음부터 설명할 필요 없이 제시자료를 통해서 학습자들이 스스로 의문문의 기능을 수행하는 데 중요한 역할을 하는 요소들을 찾도록 인도하는 역할을 한다. 예시를 통해서 학습자들이 스스로 의문문의 다양한 기능을 귀납시키고 특정한 기능을 수행하는 의문문의 구성요소가 무엇인지 파악하도록 한다.

의문문의 다양한 기능을 파악하고 귀납하기

◆ 1단계

───────────────────────────────

　　교사는 다양한 기능을 수행하는 의문문을 제시한다. 교사가 질문을 통해서 학습자들은 발화자의 발화 의도를 주목시킨다.

자료　　　　　　　　　　다양한 기능을 수행하는 의문문 대화 예시

1. 창수가 누나와 함께 백화점에 가서 여자 친구 수진에게 생일 선물을 하려고 원피스를 골랐다. 하지만 수진의 마음에 들지 않을까봐 걱정스럽다. 그래서 창수는 자신이 고른 원피스가 어떤지 누나에게 의견을 물어보고 싶다. 이 상황에서 창수가 할 말로 가장 적절한 말을 완성해 보세요.

　　창수:　　누나, 수진이가 이 원피스를 **좋아할까요?**
　　나나:　　글쎄, 색깔이 좀 **어둡지 않아?**

2. 하영이는 할아버지와 버스를 타고 집에 가는 길이었다. 할아버지께서 더워서 버스 창문을 열어 두셨는데, 추위를 잘 타는 하영이 창문을 닫으려고 한다. 이 상황에서 하영이가 할 말로 가장 적절한 말을 의문문으로 완성해 보세요.

　　하영:　　할아버지, 창문을 **좀 닫아도 괜찮으시겠어요?**
　　할아버지:그래, 내가 닫아 줄게.

3. 보라와 은상은 동창모임을 위하여 저녁 식사를 준비하고 있다. 음식을 넉넉히 준비했지만 보라가 혹시나 음식이 모자랄까봐 좀 걱정한다. 아래의 대화를 완성해 보세요.

　　가:　　음식을 이렇게 넉넉히 준비했는데 설마 음식이 모자라**는 건 아니겠지요?**
　　나:　　그럼요, 걱정 마세요. 넉넉할 거예요.

4. 중국 학생 마정은 수업 시간에 선생님께서 내주신 숙제가 무엇인지 이해하지 못하였다. 그래서 마정은 선생님께 다시 숙제가 무엇인지 여쭤보려고 한다. 이 상황에서 마정이가 할 말로 가장 적절한 말을 완성해 보세요.

마정: 선생님, 숙제를 **다시 한 번 말씀해 주시겠어요?**

5. 영수네 가족은 저녁을 먹으러 식당에 갔다. 그런데 영수와 영수 동생은 식당에서 시끄럽게 뛰어다녔다. 아버지께서 조용히 하라고 몇 번을 해도 아이들은 못 들은 척했다. 화가 난 아버지는 자식들에게 조용히 하라고 다그치려고 한다. 이 상황에서 아버지가 할 말로 가장 적절한 말을 완성해 보세요.

아버지: 너희들, **조용히 하지 못해?**

6. 늦은 밤까지 지수는 안 자고 드라마를 보고 있다. 이를 본 엄마가 몇 번이나 자라고 해도 지수는 못 들은 척하고 계속 드라마만 봤다. 이 상황에서 화가 난 엄마가 할 말로 가장 적절한 말을 완성해 보세요.

엄마: 엄마 **말을 못 듣니?**

7. 어느 날 윤아는 밤 11시까지 연구실에서 공부하고 나서 하숙하는 집에 돌아갔는데 하숙집 열쇠를 연구실에 놓고 와서 아래층에 사시는 하숙집 아주머니에게 예비 열쇠를 받으려고 한다. 옆에 있던 친구 연희는 늦은 밤에 아주머니께서 이미 주무실 것 같아서 윤아를 말리려고 한다. 이 상황에서 연희가 할 말로 가장 적절한 말을 의문문으로 완성해 보세요.

윤아: 아주머니께 예비 열쇠를 달라고 해야겠다.
연희: 이렇게 늦은 시간에 찾아가면 **실례가 되지 않을까?**

8. 현수가 급한 일이 생겨서 택시를 타고 어딘가로 가고 있다. 기사 아저씨가 큰 길로 가는 것처럼 보이니까 시간이 많이 걸릴까봐 마음이 너무 급한 현수가 기사에게 빠른 길로 서둘러 가 달라고 부탁해 보려고 한다.

현수: 기사님, 빠른 길로 **가주실 수 없나요?**

9. 영민이는 오늘 수업할 때 쓸 책을 기숙사에 놓고 학교에 왔다. 그래서 룸메이트 지호에게 책을 가져다 달라고 부탁을 하려고 지호에게 전화를 하였다. 이 상황에서 영민이가 할 말로 가장 적절한 말을 완성해 보세요.

영민: 지호야, 나 문학 책을 기숙사에 놓고 나왔나 봐. 학교에 올 때 **가져 올래?**

10. 소라는 어제 소방서에 불이 났다는 뉴스를 본 뒤 상지에게 이 소식을 전하
    였다. 상지는 그 소식을 듣고 놀랐다. 아래의 대화를 완성해 보세요.

   소라: 소방서에 불이 났다는 뉴스 봤어요?
   상지; 소방서에 **불이 나다니?** 그럴 수도 있나요?

◆ 2단계

절차

1) 학습자에게 학습 자료를 보여주면서 이해하도록 한다.

2) 유도 질문을 통해 학습자들에게 의문문의 다양한 기능을 인식시킨다.

※ 학습자 스스로 귀납하기 어려울 경우도 있으니 '권고', '제안', '확인'
   등 기능을 제시해서 선택하는 것도 좋다.

♣ 제시에서 화자의 발화의도를 선택해 보세요.

♣ 단순의문	♣ 추측	♣ 강조	♣ 명령	♣ 놀라움
♣ 의향 묻기	♣ 확인	♣ 부탁	♣ 제안	♣ 인사

◆ 3단계 　 기능을 실현해 주는 요소 찾기

자료를 보고 의문문의 다양한 기능을 실현해 주는 요소들을 찾는 활동이다. 예시 대화를 제시하면서 수업을 시작한다. 예시를 통해서 학습자로 하여금 의문문의 기능이 이루어지는 요소에 주목시킨다. 교사가 유도 질문을 통하여 학습자로 하여금 기능에 따라 나타난 특정한 요소를 주목시키고 식별해 내도록 지도한다.

수업 자료

- 할아버지께서 혹시 망령이 드신 게 아닐까요?
- 사람이 어찌 늙지 않을 수 있겠는가?
- 설마 너 혼자 이 밥을 다 먹을라고?
- 문을 좀 닫아 주실래요?
- 아드님이 미국에 갔다면서요?
- 빨리 안 가?
- 엄마 말을 안 들을래?
- 찜질방에 갈까?
- 다친 사람을 보고 어떻게 그냥 지나갈 수 있어?
- 그 사람은 어떤 사람인지 몰라? 왜 꼭 그런 사람이랑 같이 일해?
- 네가 부자냐? 돈도 없으면서 왜 이런 비싼 선물을 사니?
- 바쁜 걸 못 봤어요?
- 당장 나가지 못해?

◆ 4단계

절차

1) 교사가 학생에게 다양한 기능을 수행하는 의문문 자료를 나눠 준다.

2) 학생들을 두 명씩 짝을 지어 자료의 의문문이 어떤 기능을 수행하는지를 찾게 한다.

3) 기능을 식별하고 각 예문이 무슨 기능을 수행하는지 이야기하게 한다.

4) 기능을 실현해 주는 요소들을 찾아 밑줄을 긋고 이야기하게 한다.

2.1.2. 대조 전략 활용하기

대조는 언어 학습의 중요한 방법이다. 외국인 학습자에게 한국어를 효율적으로 교육하기 위해서 모국어와 목표어를 대조할 필요가 있다. 구체적인 문법 사용 오류는 문법 항목을 서둘러서 범하는 경우가 많지만 문법 항목의 선택 오류는 보통 학습자 모국어의 영향을 많이 받는다.

예시 2　대조 분석을 통하여 모국어 전이 현상을 파악한다.

◆ 1단계

절차

1) 의문문으로 다양한 담화 기능을 수행하는 언어 상황을 미리 종이에 다가 타자한다.

2) 교사가 학생들을 세로 줄이나 가로 줄로 한 조로 만든 후 준비된 종이를 조별로 1장씩 나눠준다.

중국 학생 마정은 수업 시간에 선생님께서 내주신 숙제가 무엇인지 이해하지 못하였다. 그래서 마정은 선생님께 다시 숙제가 무엇인지 여쭤보려고 한다. 이 상황에서 마정이가 할 말로 가장 적절한 말을 완성해 보세요.

☞ **마정**: 선생님, ＿＿＿＿＿＿＿＿＿＿＿＿＿＿＿ (숙제)

◆ 2단계

절차

1) 조구성원을 'A-B-A-B…'이렇게 정하고 A로 정한 학생들은 중국어로 B로 정한 학생들은 한국어로 상황에 적절하다고 생각하는 응답을 자기 노트에다가 쓰게 한다.

2) 주어진 종이의 문제 아래쪽에 조구성원들의 응답을 한국어 응답과 중국어 응답을 따라 정리한다.

◆ 3단계

절차

1) 교사가 같은 상황에서 한국인 모어 화자가 많이 사용하는 발화를 미리 종이에다가 타자하고 준비한다.

2) 교사가 준비된 종이를 학습자에게 준다.

3) 조별로 같은 상황에서 한국어 모어 화자의 발화와 학습자의 한국어 응답, 중국어 응답을 살피게 한다. 관찰·대조를 통해서 아래 두 가지 요구를 완성하게 한다.

① 학습자들의 한국어 응답은 모국어 영향을 받는지를 논의하도록 유도한다.

② 학습자들의 응답에서 이해할 수 있는 발화와 적절한 발화를 구별시킨다.

1) 조별로 대표를 뽑아서 전형적인 오류 예문을 칠판에 쓰게 하고 토론한 결과를 발표하도록 한다.

2) 교사는 발표결과를 결합해서 보충 설명을 해주고 평가한다.

2.2. 의문문의 교수·학습 모형

중국 내 한국어 학습자와 같이 언어 사용 환경이 부족한 학습자들에게는 실제적인 수업 활동을 통한 인지적 언어 학습이 필요하다. 본고에서는 위와 같은 인지 전략을 활용하여 의문문 교수·학습 방법을 모색하고자 한다. 인지 전략을 사용한 교수·학습은 교사가 주도적으로 이끄는 수업에서 탈피하여 학습 목표에 맞는 바람직한 인지 전략과 수업 활동을 선택하여 학습자들의 능동적인 수업 참여를 유도한다. 또한 교사는 문제 해결의 촉진자로서 학습자가 문제를 해결할 수 있도록 유도하고 도와주어야 하며, 활동을 통해서 학습자의 인지를 활성화하고, 학습 내용을 파악하는 데 도움을 준다. 수업의 단계 구분은 주로 도입 단계, 전개 단계, 정리 단계로 삼분하고 각 단계의 학습 목표는 아래와 같다.

〈그림 12〉 수업 모형의 단계 구분

학습 목표는 학습자들이 언어 학습에 대해서 지향하는 바를 뜻하며 목표가 없는 학생은 방향키가 없는 배와 같다고 할 수 있다. 고로 수업의 목표를 이해하도록 하는 것은 학습에 있어서 효과적이고 필요하다. 학습자들은 관찰, 사고, 추론 같은 인지 활동을 통해서 이미 알고 있는 지식에 새 지식을 연관시켜 효율적인 학습을 이룬다. 본고의 학습 목표는 학습자들이 문제를 해결하는 과정을 통해서 의문문의 다양한 기능을 파악하고 상황에 맞게 의문문을 사용해서 적절한 의도를 표출하는 데 있다. 이를 구체적으로 나눠 보면 학습 목표는 '인식→이해→확인'의 세 단계를 거친다. 여기서 '인식'은 교사가 제시하는 문제에 대해 관찰을 통해서 능동적인 자세로 학습 내용을 추측하는 것이다. '이해'는 학습자들이 다양한 전략을 활용해서 학습 내용을 이해하는 것이다. '이해' 단계는 학습의 제일 중요한 단계로서 이해의 심도는 학습의 성취도에 큰 영향을 끼친다. 학습자들은 교사가 주어진 문제를 해결하는 과정에서 배운 지식을 되짚어 봄으로써 학습 내용을 새로운 시각으로 다시 살펴보고 깊이를 발견할 수 있다. '확인'은 앞의 일련의 학습 활동을 검토하고 학습 성과를 정리하는 단계이다.

이와 같은 학습 목표를 달성하기 위해 각 단계에 적절한 인지 전략과 수업활동을 활용하여 학습자들의 능동적인 수업 참여를 유도할 필요가 있다. [도입 단계]에서 교사는 실제 언어 상황에서 발생할 수 있는 문제를 제시하고 학생들에게 문제를 인식하도록 안내하고, 학습자는 능동적인 자세로 교사의 지시에 따라서 학습할 내용을 추측한다. '동기 유발' 전략으로 게임, 시청각 자료, 질문 등을 활용하여 학습자가 적극적으로 학습활동에 참여하게 한다. [전개 단계]에서 교사는 명시적이거나 암시적인 제시로 학습자들에게 유도 질문을 던지는 방식을 활용하여 학습자로 하여금 인지 전략을 사용하게 인도하고 학습자의 추론을 피드백해주고 확인해준다. 학습자는 '탐구 학습', '귀납 추론', '언어 간 대조', '언어 내 대조' 등 다양한 인지 전략을 활용해서 과제를 수행한다. 마지막으로 [정리 단계]에서 교사는 학습자들의 활동을 인도하고 학습을 마무리한다. 학습자는 '사고·정리', '자기 평가', '상호 평가' 등의 활동을 통해서 수업에서 배운 내용을 스스로 정리한다. 각 단계에 문제를 해결하는 과정에서 인지 전략과 구체적인 수업 활동을 활용하여 교사는 학습을 도와주는 촉진자로서 학습을 인도하는 새로운 역할을 수행하며 학습자에게 스스로 문제를 해결하는 기회를 제공한다. 학습자는 학습의 주체가 되어 문제를 해결하기 위해 학습 과정을 이끌어 간다. 이를 통해 교사와 학습자들 간에 상호 협력적인 관계가 형성된다. 상술한 논의를 종합하여 문법 수업에서의 2차적인 의문문 교육에 적합한 의문문 수업 모형을 제시하면 〈표 40〉과 같다.

〈표 40〉 인지 전략을 활용한 의문문 교육 모형

절 차		제1단계 도입 단계	제2단계 전개 단계	제3단계 정리 단계
목표		인식	이해	확인
전략 및 활동	교 사	· 문제 제시 · 동기 유발 · 탐구 전략 안내 · 유사 경험 자극	· 유도 질문 · 추론 확인 · 피드백	· 내용 정리 · 결어 · 과제물 부여
	학 습 자	· 문제 상황 인식 · 유사 경험 상기 · 탐구 전략 인지 · 학습 내용 추측	· 탐구 학습 · 귀납 추론 · 언어 간 대조 · 언어 내 대조	· 사고·정리 · 자기 평가 · 상호 평가

2.2.1. 도입 단계

　도입 단계는 학습자의 인지 활동을 활성화시키는 준비 단계로서 목표 문법을 이끌어내어 학습자의 흥미를 유발하는 동기화 단계이다. 도입 단계의 다양한 활동을 통해 학습자의 배경 지식과 기존 지식을 끌어내고 활성화시켜, 학습자의 호기심과 흥미를 유발한다. 이 단계에서 학습자들이 학습할 과제의 필요를 느껴서 적극적으로 학습에 임할 수 있도록 유도하고 학습 동기를 활성화한다. 학습 동기는 학습효과와 밀접한 관계가 있는데 높은 동기를 가진 학습자들은 더 많은 능동적 학습을 하게 되고 좋은 학습 효과를 얻는다. 하지만 중·고급 학습자들은 이미 의문문에 대한 상당한 지식을 가지고 있으므로 현 상태에 만족하고 의문문 학습에 대한 관심을 잃을 수 있다. 따라서 도입 단계에서는 무엇보다도 학습자의 학습 동기를 유발하는 것이 중요하다. 교사가 미리 준비된 다양한 자료나 질문을 통해서 학습자들이 의문문의 활용 면에서 아직 부족한 부분이 존재한다는 것을 깨우치게 하고 의문문에 대한 관심을 끌어내도록 할 필요가 있다. 동기 유발은 뒤에 이어질 탐구 학습의 기본 전제 조건이 될 뿐만 아니라 교실을 떠나서도 생활 속에서 학습한 내용에 관심을 두고 적극적으로 학습하게 하는 동력이 될 수 있다.

2.2.2. 전개 단계

　도입 단계에서의 유도 활동이 성공적으로 이루어지면 학습자들은 학습 내용에 대한 기대가 커지고 수업에 호기심과 흥미가 생긴다. 전개 단계는 학습자의 학습 열정을 지속적으로 이끌고 교사와 학습자의 상호작용 활동을 통해 학습 내용을 본격적으로 학습하는 단계이다. 본고에서는 의문문에 대해 이미 일정한 기존 지식을 가지고 있는 중·고급 학습자들을 대상으로 다양한 인지 전략을 통해 자기 주도적인 학습을 인도하는 데 관심을 두었다. 자기 주도 학습이란 '학습자가 학습 상황에서 자기 스스로 또는 학습 조력자와의 상호작용을 통해 자신의 학습 전체를 주도하고 관리하며 이루어지는 학습'이라고 볼 수 있다(현정숙, 1999). 학습자 주도적인 학습은 학습자들의 기존 지식, 나이에 대응하는 학습 전략을 갖춰야만 가능한 것이다. 기존 지식과 학습 전략이 없는 학습자들은 자기 주도 학습을 성공적으로 해내지 못하거나 교육의 효과를 반감시킬 수 있다. 본고의 교육대상인 중국인 중·고급 한국어 학습자는 의문문에 대한 기존 지식을 보유한 성인 학습자로서 자기 주도적인 학습을 충분히 이룰 수 있다. 전개 단계에서는 교사가 학습자들을 이끌어서 다양한 인지 전략을 사용하도록 한다. 예를 들어 '재결합' 인지 전략으로 이미 학습된 의문문 지식을 의사소통 기능별로 다시 조합하여 의문문을 화용적 시각으로 다시 살펴본다. 또한 '추론' 인지 전략으로 주어진 상황에서 화자가 의문문을 사용하는 의도를 예측하고 상황에 따른 의문문의 다양한 의사소통 기능을 추론한다. 한편 '전이' 전략으로 기존의 모국어 지식이나 학습된 목표어 지식을 사용해서 새로운 언어 학습 과업을 용이하게 이루어지게 한다. 즉 중국어 의문문 지식이나 이미 가지고 있는 한국어 의문문 지식을 활용해서 의문문의 다양한 기능을 학습하는 데 적극적인 전이를 가져온다. 이 같은 다양한 인지 전략으로 학습자들의 의문문에 대한 기존 지식을 학습과제와 연관시켜 기존 지식을 복습하면서 새로운 지식을 학습한다. 그리고 본고에서는 과제 중심 교수법을 도입하여 전개 단계에서 다양한 과제를 해결하는 방식으로 수업을 구성한다. 학습자들을 주어진 과제를 해결하는 과정에서 학습할 내용을 배우고 학습 목표를 이룬다. 과제 해결을 통해 성취감과 만족감을 느끼게 되고 학습 능력이 향상될 수 있다. 이 단계에서 교사와 학습자 간의 상호작용 활동이 빈번하게 이루어진다. 학습자 주도적인 학습이 이루어지려면 교사에게 학습자에 대한 신뢰와 수용이 있어야 하고 그들의 다양성을 존중해주는 분위기를 만들어야 한다(김원자:36). 교사는 문제를 제시하면서 학습자들의 주도적인 학습을 유도하는 보조적 역할을 한다. 예를 들어, 교사가 미리 준비한 여러 가지 기능을 수행하는 의문문을 보여주고, 어떤 기능의 의문문은 화자의 무슨 의도로 언제, 어떻게 사용되는지 생각해 보게 할 수 있다. 이런 방식으로 학습자들에게 의문문의 다양한 기능을 도출하도록 도와준다. 학습자들은 다양한 전략을 활용하여 자기 주도적으로 학습한다. 예를 들면, 학습자는 연역적 추론으로 교사가 제시한 의문문이 수행하는 기능을 추론하고, 언어 간 대조적 분석을 통해서 모국어 전이로 인해 발생한 오류를 찾아낸다. 위와 같이 전개 단계에서 교사와 학습자의 상호작용 활동을 통해서 학습자 주도적인 학습이 이루어지고, 다양한 인지 전략을 활용해서 주어진 과제를 해결하는 과정에서 학습 내용을 이해하고 파악할 수 있다.

2.2.3. 정리 단계

정리 단계는 학습자들이 개인이나 소그룹별로 배운 요점을 정리하는 단계이다. 교사는 학습자들이 정리한 내용에 대해 피드백을 해주고 다시 수정·보완해서 마무리한다. 이 단계는 수업의 마무리라기보다는 완전한 습득을 이루기 위한 하나의 정리 단계라고 할 수 있다. 다시 말하면 앞에서 과제를 통해 배운 지식을 정리하는 방식으로 학습 내용을 재확인하는 것이다.

이와 같은 교육 과정을 통해 교사가 주도하는 학습 모델에서 벗어나 다양한 인지 전략을 활용한 학습자 자기주도 학습이 이루어지고 의문문의 다양한 기능을 학습하도록 한다. 학습자들은 과제 해결을 통해서 의문문의 다양한 기능을 파악하고 누가, 언제, 어디서, 어떤 배경 상황에서 자기의 의도를 적절하게 표출하는지를 파악한다.

VI 결론

    외국어 교육의 최종 목표는 외국인 학습자들이 모국어 화자만큼 원활하게 의사소통을 하는 것이다. 원활한 의사소통을 하기 위해서는 문장이 이루어지는 어휘, 문법에 대해 교육할 필요가 있을 뿐만 아니라 문장 전체에 대한 교육도 필요하다. 이에 본고는 의사소통의 기본 단위인 '문장'을 연구 대상으로 삼아 한국어 문장 교육에 관심을 두고 의문문을 대상으로 한 한국어 문장 교육을 연구했다.

    현재 중·고급 외국인 학습자들의 경우 의문문에 관한 문법 지식을 많이 가지고 있지만 의문문의 다양한 기능을 상황에 맞게 표출하지 못하는 경우가 많다. 즉, 화용 능력이 많이 부족한 편이다. 본 연구는 중국인 학습자의 한국어 화용 능력 향상을 위한 의사소통 기능 중심 의문문의 체계적인 교육에 대해 연구했다. 우선 의문문의 의사소통 기능을 이루는 문법적 요소와 관련지어 논의하였으며 중국인 중·고급 학습자들의 의문문 이해·사용 양상에 대한 분석을 토대로 의문문의 체계적인 교육 내용을 고안하고 효과적인 교수·학습 방안을 모색하는 데 목적을 두었다.

본 연구는 다음과 같이 제시하였다.

I장에서는 연구 목적과 필요성을 제기한 후 의문문과 관련된 선행 연구들을 살펴보았다. II장에서는 먼저 언어의 의사소통 기능 및 실현 요소를 고찰하고 이를 한국어 교육에서의 의문문 기능 실현 요소로 규명했다. 다음으로 중국인 학습자들에게 한국어 의문문을 파악하는 특성을 마련하고자 한·중 의문문의 다양한 기능을 실현하는 요소에 대해 대조 분석을 하였다. 이를 통해 중국인 학습자들이 한국어 의문문을 학습하는 데에 어려운 점을 예측하고 의문문을 적절하게 사용하지 못하는 원인을 살펴보았다. 또한, 의문문의 분류를 마련하기 위한 인지언어학의 원형 범주 이론을 살펴보았다.

III장에서는 먼저 II장에서 한·중 대조를 통해서 예측된 학습 난점에 대한 설문조사를 작성하고 중국인 학습자와 모국어 화자의 한국어 의문문 사용 양상을 대조·분석하였다. 설문조사의 결과 중·고급 중국인 학습자들은 의문문의 다양한 기능을 상황에 맞게 전략적으로 사용하지 못하거나 사용하더라도 모국어의 영향으로 단조로운 문법적 요소로 구사하는 문제점을 도출하였다. 이것은 학습자들이 의문문의 다양한 기능 및 기능을 이루는 문법적 요소를 제대로 파악하였기 때문이다. 다음으로 현재 중국 내 대학에서 사용하고 있는 한국어 정독 교재에서 의문문이 어떤 형태와 어떤 내용으로 교육되고 있는지에 대해 심층적으로 분석하여 의문문 교육의 미진한 점을 밝혔다. 현행 통합 한국어 교재에서 의문문을 지속적으로 다뤄 왔지만 주로 의문 기능 및 종결어미를 위주로 해왔고 비의문 기능 및 기능을 실현하는 다른 문법적 요소에 관한 제시는 찾기 어려웠다. 나아가 중국 내 한국어 전공 과목인 문법 수업의 현황에 대한 검토로 문법 수업에서 체계적인 의문문의 2차적인 교육의 적합성을 제시하였다. Ⅳ장에서는 기존 연구에 공통된 인지 모형이 내재되어 있다는 것을 밝히고 이를 인지언어학의 원형 이론으로 해석하였다. 첫째, 선행 연구에서 의문문에 대한 분류는 약간의 차이가 나지만 기능 기준으로 2분법이나 3분법으로 2~3개의 범주로 나누는 것이 일치한다. 인지언어학 관점에서 해석하면 2분법은 '원형 의문문 범주'와 '비원형 범주'로 나누는 것이고, 3분법은 '원형 범주'와 '비원형 범주'를 다시 2분해서 또 다른 한 분류를 만든 것이다. 둘째, 원형의 '유사성', '모호성', '개방성', '향심성' 등의 특징은 인간의 심리적인 태도와 밀접한 관계가 있음을 밝혔다. 특히 '유사성'은 정도성을 가지는 주관적인 개념이므로 같은 사물이라도 사람의 심리상태, 가지는 정보, 과거 경험 등 주관적인 요인으로 다르게 판단될 수 있다. 이러한 인지적인 차이 때문에 학자들의 2차적인 의문문 분류가 많이 달라진 점을 제시하였다.

본고에서는 위의 선행 연구에 대한 분석을 한국어 교육의 관점에서 의문문 체계를 세우고 논의하는 기본 틀로 삼았다. 구체적으로 의사소통 기능을 기준으로 의문문의 기능을 크게 의문 기능과 비의문 기능으로 나누고 이를 다시 세부적인 기능으로 하위 분류하였다. 즉, 전자는 단순 의문 기능, 의향 의문 기능, 추측 의문 기능, 확인 의문 기능으로, 후자는 제보 기능, 지시 기능, 정표 기능, 인사 기능으로 나누었다.

그리고 제시된 의문문 체계를 바탕으로 하여 의문문 교육에 필요한 교수·학습 내용을 구안했다. 즉, 의문문의 다양한 기능을 실현해 주는 문법적 요소를 고찰한 것이다. 의문문의 다양한 의사소통 기능에 대해 기존의 의문형 종결어미와 의문사만 논의한 한계를 감안하여 본고는

'부사', '부정 표현', '선어말어미 –겠–', '구문 표현' 등 문법적 요소도 살펴보아야 한다고 보고 의문문의 교육 내용을 보완하였다. 또한, 여러 가지 문법적 요소를 한국어 교육의 관점에서 정리하고 의문문 교육의 구체적인 문법 항목을 선정하고 분석했다.

V장은 의문문의 교수·학습 내용, 방법 및 실제를 다루었다. 앞에서 살펴본 연구 결과를 바탕으로 하여 구체적으로 인지 전략을 활용한 과제 중심 의문문 교수·학습 모형을 구안하였다. '동기 유발', '귀납 추론', '대조', '전이' 등 다양한 인지 전략을 활용하여 학습자 주도적인 학습을 이루는데 관심을 두었고 IV장의 의문문 기능 체계와 구체적인 교육 내용을 바탕으로 의문문 교육의 단원 구성을 제시하였다.

본고는 의사소통 기능을 중심으로 의문문 교육의 체계와 내용을 구안하고 한국어 학습자들의 의문문 화용 능력을 신장하는 점에서 의미가 있다. 의문문의 다양한 기능을 한국어 교육의 관점에서 체계화하고 구체적인 발화 상황과 결합하여 의문문의 다양한 기능을 제시·설명했다. 또한, 의문문의 다양한 기능을 이루는 문법 항목을 학생들이 학습하기 쉽게 제시하였다. 연구의 성과는 '한국어 문법' 수업의 교육 내용을 채워나가는 데 도움이 될 것이며, '한국어 문법' 교재 개발 및 교수·학습의 설계의 새로운 방향 제시하는 데에도 도움이 될 것이다. 그리고 다양한 인지 전략을 활용한 학습자 주도적인 교수·학습 방안을 구체적으로 제시하였다는 점에서 그 의의를 찾아볼 수 있다.

이와 같은 연구의 의의도 불구하고 본 연구는 다음과 같은 한계점을 안고 있다.

첫째, 의문문의 기능은 본고에서 제시한 몇 가지 기능만 국한되는 것이 아니라 실생활에서 훨씬 복잡하고 다양하게 사용되고 있다. 제한된 수업 시간 안에 학습자들에게 모든 기능을 제시하는 것이 불가능하기 때문에 본고는 사용 빈도가 높은 기능만을 집중적으로 살펴보았다. 둘째, 의문문의 다양한 기능을 이루는 문법적 요소에 대한 선행 연구가 백지 상태라서 본고에서 의문문의 구체적인 교육 항목은 주로 한국어 교재와 문법서, 그리고 관련 논문에서 제시된 항목을 참고하여 의사소통 기능과 결합시켜서 정리했다. 연구자 개인의 한국어 실력 때문에 수록되지 못한 문법 항목도 많다는 한계점도 있다. 셋째, 본 연구는 청도 농업대학교와 청도 이공대학교의 한국어 전공학습자를 대상으로 설문조사를 한 까닭에 설문조사의 결과는 지역적 제한성이 있다.

위와 같은 한계는 앞으로의 지속적인 연구를 통해 보완되어야 하며 향후 후속 연구가 계속되기를 기대한다.

▶ 참고문헌

〈국내 논저〉

강경희(2009), 「한국어 학습자를 위한 의성어·의태어 교육 방안 연구」, 선문대학교, 석
    사논문.

강미영(2009), 「내용 생성 단계에서의 사고력 함양을 위한 전략 개발1」, 『새국어교육』
    81, 한국국어교육학회, 5-22.

_____(2010), 「통합 인지적 관점을 기반으로 한 쓰기 모형 구성에 관한 연구」, 인하대
    학교 박사논문.

_____(2012), 「"쓰기적 사고력"에 관한 연구1-통합 인지적 관점을 기반으로」, 『새국어
    교육』 92, 한국국어교육학회, 101-129.

강현화(2007), 「한국어 표현문형 담화 기능과의 상관성 분석 연구-지시적 화행을 중심
    으로」, 『이중언어학』 34, 이중언어학회, 1-26.

고성환(1987a), 「의문의 문답 관계에 대한 연구」, 서울대학교 석사논문.

_____(1987b), 「국어 의문사의 의미 분석」, 『언어』 12, 한국언어학회, 104-129.

고영근(1989), 『국어형태론연구』, 서울대학교 출판부.

고은숙(2008), 「국어의 의문법어미의 역사적 연구」, 고려대학교, 박사논문.

_____(2011), 『국어 의문법 어미의 역사적 변천』, 한국문화사.

곽효동(2010), 「한중 의문사와 의문문의 대비 연구」, 충남대학교 석사논문.

구재희(2007), 한국어 기본문형 교육 연구, 이화여자대학교 박사학위 논문

구종남(1992a), 「국어 부가 의문문의 융합구조에 대하여」, 『어학』 19, 전북대학교 언학
    연구소.

구종남(1992b), 「국어 융합형 부가 의문문의 구조와 의미」, 『언어』 17, 전북대학교 언
    학연구소, 285-312.

_____(2001), 「국어 의문의 화행과 응답 방식」, 『한국언어문학』 46, 한국언어문학회,
    413-432.

_____(2004), 「국어 부정 의문문에 대한 응답 방식 연구-통계적 접근」, 『국어국문학』
    136, 국어국문학회, 193-229.

국립국어원(2007), 『외국인을 위한 한국어 문법1-체계편』, 커뮤티케이션북스.

국립국어원(2007), 『외국인을 위한 한국어 문법2-용법편』, 커뮤티케이션북스.

국립국어원(2010), 『국제 통용 한국어 교육 표준 모형 개발』, 국립국어원.

권성미·이혜용(2008), 「한국어 초·중급 교재에 제시된 간접 화행의 실현 양상연구」, 『한국어 교육』 19-2, 국제한국어 교육학회, 1-31.

권영민(1997), 우리 문장 강의, 신구문화사.

권재일(2004), 『구어 한국어의 의향법 실현방법』, 서울대학교출판부.

김경호(2010), 「의문문에 있어서의 반복 언어화: 응답 발화를 중심으로」, 『동북아 문화 연구』 25, 동북아시아문화학회, 549-564.

김광해(1983), 「국어의 의문사에 대한 연구」, 『국어학』 12, 국어학회, 101-136.

_____(1995), 『어휘 연구의 실제와 응용』, 집문당.

김동식(1980), 「현대국어 부정 표현의 연구」, 서울대학교 석사논문.

김미숙(1997), 「否定文의 間接話行 연구」, 명지대학교 박사논문.

김병건(2011), 「국어 의향법 씨끝 변천 연구」, 건국대학교, 박사논문.

김상희(1996), 「판정 의문문의 대답에 관한 연구」, 이화여자대학교, 석사논문.

김선겸·권순희(2005), 「부정 의문문에 나타난 화자의 태도 분석」, 『국어교육학연구』 24, 국어교육학회, 162-186.

김선호(1997), 「한국어 물음말에 대한 연구」, 『어학연구』 29, 어문연구학회, 99-125.

김선희(2003), 「특수 의문문에서의 양태 의문사에 관한 연구」, 『한글』 259, 한글학회, 115-140.

김성은(2010), 「고등학교 중국어 祈使句의 학습지도방안 연구」, 이화여자대학교, 석사논문.

김성환(2010), 「중국인 학습자를 대상으로 한 오류분석연구: -부정 의문문 '예-아니오' 대답방식에 관해서」, 영남대학교, 석사논문.

김숙경(1986), 「의사기능 교수요목에 의한 영어교육」, 이화여자대학교 석사논문.

김승곤(2011), 『21세기 국어의 의향법 연구』, 박이정.

김애화(2009), 「부정 의문문의 명령 화행을 논함」, 『중국조선어문』 162, 길림성민족사 무위원회, 115-140.

김영희(2005), 「수사 의문문에서의 되풀이 현상」, 『어문학』 87, 한국어문학회, 131-155.

김유미(2005), 「문형 사전을 위한 문형 빈도 조사」, 『인지과학』 16, 한국인지과학회.

김윤경(1948), 『한결 김윤경 전집』, 연세대학교 출판부.

김은정(2010), 「외국인 유학생을 위한 교양한국어 교수요목 개발 연구」, 한양대학교 석사논문.

김인규(2003), 「학문 목적을 위한 한국어 요구 분석 및 교수요목 개발」, 『한국어 교육』 14-3, 국제한국어 교육학회, 81-113.

김일란(2007), 「여성 결혼이민자 대상 한국어 교육을 위한 교수요목 개발 연구」, 경희 대학교 석사논문.

김재욱 외(2010), 『한국어 교수법』, 형설.

김재희(2008), 「나선형 한국어 교육과정 구성 방안 연구」, 고려대학교 석사논문.

김정선(1996), 「맥락에 따른 의문법의 기능에 관한 연구」, 한양대학교 석사논문.

김정숙(2003), 「통합 교육을 위한 한국어 교수요목 설계 방안 연구」, 『한국어 교육』 14-3, 국제한국어 교육학회, 119-143.

김정옥(2012), 「현대중국어 의문 대사 비의문 용법의 교수방안 연구」, 경희대학교 석사 논문.

김정자(2014), 「문학작품을 활용한 한국어 교육 연구」, 인하대학교 박사논문.

김제열(2004), 「한국어 교사 교육을 위한 국어학 교수 요목」, 『외국어로서의 한국어 교육』 29, 연세대학교 한국어학당.

김주연(2006), 「일본인 학습자의 한국어 의문문억양 연구」, 연세대학교 석사 논문.

김지연1992), 「수사 의문문과 논증이론」, 전남대학교 석사논문.

김지영(2007), 「한국어 교육을 위한 {-겠} 연구: 중국인을 위한 한국어 교육방안 모색 을 위하여」, 서울여자대학교 석사논문.

김진호 외(2010), 『외국인을 위한 한국어 문법: 의미·기능편.I』, 박이정.

_____ 외(2010), 『외국인을 위한 한국어 문법: 의미·기능편.II』, 박이정.

김충기 (2000), 『교육심리학』, 동문사.

김충실(2008), 「중국인 학습자를 위한 한국어 '를'구문 교수방법 연구」, 부산외국어대학 교 박사논문.

김태엽(1990), 「국어 부가 의문문의 통사적 제약」, 『나랏말쌈』 5, 대구대학교 국어교육 과.

김태자(1994), 「간접 발화 행위의 양상과 구조」, 『이화어문논집』 13, 이화어문학회, 49- 70.

김현숙(2011), 「간접인용문에서 의문문의 실현 양상과 한국어 교육에의 적용 문제」, 『언문연구』 70, 어문연구학회.

김혜진(2012), 「한국어 수준과 모국어에 따른 한국어 학습자의 덩어리 표현 습득 양상 연구」, 이화여자대학교, 석사논문.

김호정(2008), 「한국어 교재 내의 문법 용어 계량 연구, 언어과학연구」, 『언어과학연구』 46, 언어과학회, 1-21.

_____(2009), 「학습자의 문법 용어 인식 양상 연구」, 『언어과학연구』 50, 언어과학회, 41-68.

_____(2013), 「한국어 학습자의 조사 변이 양상 연구」, 『우리말 글』 58, 우리말글학회, 151-187.

김호정·강남욱(2013), 「한국어 교재 평가 항목의 설정을 둘러싼 개념과 원리 고찰」, 『국어교육』 143, 한국어 교육학회, 381-414.

大平佳和(2002), 「日·韓 特殊疑問文 硏究」, 한양대학교, 박사논문.

남가영(2008), 문법 탐구 경험의 교육 내용 연구, 서울대학교 박사학위 논문.

남기심·고영근(1985), 『표준국어문법론』, 탑출판사.

노영균(1984), 「국어 의문문의 통사와 의미」, 서울대학교, 석사논문.

류현미(1992), 「판정 의문문의 화용의미에 대하여」, 『언어연구』 8, 한국 현대 언어학회, 55-75.

_____(1999), 「국어 의문문의 연구」, 충남대학교 박사논문.

_____(2000), 「국어 의문문의 대화구조(I)」, 『어문연구』 33, 한국 현대 언어학회, 69-89.

_____(2001), 「국어 의문문의 대화구조(II)」, 『어문연구』 37, 한국 현대 언어학회, 59-82.

_____(2002), 「반복 의문문의 화행과 대화기능」, 『어문연구』 39, 한국 현대 언어학회, 101-133.

王锐(2010), 「한국어와 중국어의 의문문에 대한 화행이론적 대조 연구」, 영남대학교 석사논문.

무력문(2012), 「중국에서의 관광한국어 교과과정의 교수요목 설계 방안-길림성직업기술학교를 중심으로」, 고려대학교 석사논문.

문태혁(2010), 「초등학교 통합영어 교육을 위한 교수요목 설계」, 한국교원대학교 박사논문.

민현식 외(2005), 『한국어 교육론:한국어 교육의 역사와 전망.1』, 한국문화사.

_____ 외(2005), 『한국어 교육론1』, 한국문화사.

민혜정(2004), 「한국어 교재의 과제 중심 교수요목 설계 방안: 초급의 주제와 기능, 과제, 문법의 상관성을 중심으로」, 고려대학교 석사논문.

_____(2013), 「영어권 학습자를 위한 한국어 억양 교육방안 연구」, 부산외국어대학교 석사논문.

박경자·장복명(2011), 『언어교수학』, 박영사.

박덕유·이철수·문무영(2004), 『언어와 언어학』, 역락.

박덕유(2006), 『학교 문법론의 이해』, 역락.

_____(2010), 『외국인을 위한 한국어』, 박문사.

박덕유 외(2010), 『한국어 교육의 전략과 탐색』, 박문사.

_____ 외(2011), 『한국어학습자를 위한 음운교육 연구』, 박문사.

_____ 외(2012), 『한국어학습자를 위한 문법교육 연구』, 박문사.

_____ 외(2013), 『한국어문법의 이론과 실제』, 박문사.

박선태(1996), 「간접 화행의 화행론적 연구」, 『스페인어문학』 9-1, 한국스페인어문학회, 307-327.

박성민(2012), 「여성결혼이민자를 위한 한국어 매체 교육 교수요목 설계」, 부경대학교 석사논문.

박영순(1990), 「국어의문문의 의미에 대하여」, 『새국어교육』 46, 한국국어교육학회, 95-104.

_____(1991), 「국어 의문문의 의문성 정도에 대하여」, 『국어의 이해와 인식』, 서울한국문화사.

_____(2007), 『화용론』, 박이정.

_____(2008), 『한국어와 한국어 교육』, 한국문화사.

박재연(2004), 「한국어 양태 의미 연구」, 서울대학교 박사학위논문.

박종갑(1982), 「의문문과 간접언어행위」, 『한민족어문학』, 한민족어문학회 9, 55-76.

_____(1984), 「의문문의 화용론적 특성(1)」, 『한민족어문학』 11, 한민족어문학회, 159 -180.

_____(1986a), 「국어 의문문의 화용론적 특성(2)」, 『어문학』 47, 한국어문학회, 45-64.

_____(1986b), 「의문법 어미의 종류에 따른 의문문 유형의 의미 기능」, 『한민족언문학』 13, 한민족어문학회, 397-419.

_____(1987), 「국어 의문문의 의미 기능 연구」, 영남대학교 박사논문.

박지숙(2002), 「국어 의문형 서법부사 연구」, 동아대학교 석사논문.

박해연(2007), 「한국어 억양 발음 교육-한,중 의문문 억양 곡선 비교를 중심으로」, 『先淸語文』 88, 서울대학교 사범대학 국어국문학회, 185-213.

박향숙(2006), 「한국어 문말 경계 음조」, 경북대학교, 석사논문.

박현주(2011), 「'-겠'과 반어법의 화용적 상관관계에 대한 연구」, 영남대학교, 석사논문.

배두본(2000), 『외국어 교육 과정론』, 한국문화사.

배현숙(2003), 「한국어 학습자를 위한 기능 교수 요목」, 『국제한국어 교육학회학술대회논문집』 2003, 국제한국어 교육학회, 650-661.

백봉자(2006), 『(외국어로서의)한국어 문법 사전』, 하우.

백성은(2013), 「비정규 과정 학습자를 위한 한국어 교수요목 설계 연구: 초급 과정을 대상으로」, 한국외국어대학교 석사논문.

백용학(1991), 「언표내적 화행유형의 분류에 관한 연구」, 『언어와 언어 교육』 6, 동아대학교 어학연구소, 5-44.

백희진(2013), 「한국어 교육을 위한 반어법 관련 연결어미 연구」, 숭실대학교 석사논문.

변경(2012), 「한국어 요청화행의 실현 양상에 대한 연구」, 고려대학교 석사논문.

서순희(1992), 「현대국어 의문문 연구」, 숙명여자대학교, 박사학위논문.

서정목(1979), 「경남방언의 의문법에 대하여」, 『언어』 4, 한국언어학회.

_____(1987), 『국어 의문문 연구』, 탑출판사.

_____(1990), 「의문법」, 『국어연구 어디까지 왔나』, 동아출판사.

서정수(1986), 「국어의 서법」, 『국어생활』 7, 국어연구소, 116-130.

_____(1996), 『국어문법』, 한양대학교출판원.

서희정(2011), 「한국어 교육에서 수사 의문문의 교육 내용-'무슨'-수사 의문문을 중심으로」, 『새국어교육』 88, 한국국어교육학회, 221-244.

성시형(1987), 「의문문의 초점과 의문문의 유형에 대한 연구」, 한양대학교 석하학위논문.

손남익(1995), 『국어부사연구』, 박이정.

손영애(1986), 「국어과교육의 성격과 내용 체계」, 『선청어문』 14-1, 서울대학교 국어교
　　　육과, 76-91.

_____(2000), 「국어과 어휘 지도의 내용 및 방법」, 『국어교육』 103, 한국어 교육학회,
　　　．53-78.

_____(2004), 『국어과 교육의 이론과 실제』, 박이정.

_____(2005), 「국어 교육 과정 변천사」, 『국어교육론1』, 한국문화사.

_____(2008), 「새로운 국어 교과서 구성 방안」, 『국어교육』 125, 한국어 교육학회,
　　　251-281.

송하진(2007), 「의사소통능력 향상을 위한 〈중국어I〉 의문문의 개선 방안」, 이화여자대
　　　학교, 석사논문.

신명선(2008), 『의미 텍스트 교육』, 한국문화사.

안병희(1965), 「후기 중세국어의 의문법에 대하여」, 『학술지』 6-1, 건국대학교 학술연
　　　구원, 69-82.

안윤미(2007), 「한국어 학습자를 위한 부정 의문문 교육 방안 연구」, 고려대학교 석사
　　　논문.

양명희(1991), 「국어 의문문의 유형과 응답 유형에 대하여」, 『冠岳語文硏究』 16-1, 서
　　　울대학교 국어국문학과, 115-134.

염나(2010), 「한국어와 중국어 부정문의 대비 연구」, 충남대학교, 석사논문.

오명진(2012), 「드라마를 활용한 간접 화행 교수 방안-지시 화행을 중심으로」, 동덕여
　　　자대학교 석사논문.

오민수(2010), 「한국어 교재와 화행 분석을 통한 지시적 화행 교육 방안 연구」, 한양대
　　　학교 석사논문.

오은아(2012), 「TV드라마를 활용한 수사 의문문 교육 방안 연구」, 한국외국어대학교,
　　　석사논문.

왕예(2010), 「한국어와 중국어의 의문문에 대한 화행이론적 대조 연구」, 영남대학교,
　　　석사논문.

왕정·박덕유(2012), 「한국어와 중국어의 조어법 대조 연구」, 『새국어교육』 91, 한국국
　　　어교육학회, 289-317.

왕지홍(2010), 「현대 한국어와 중국어의 부정문 대비 연구」, 충남대학교 석사논문.

왕페이(2011), 「의문문에 대한 한·중 대조 연구」, 한양대학교 석사논문.

우보의(2011), 「한국어 높임법 교육 방안」, 숙명여자대학교 석사논문.

유민애(2012), 「한국어 추측 표현의 교육 내용 연구」, 서울대학교 석사논문.

유욱봉(2012), 「중국인 학습자를 위한 한국어 '-겠'의 교육 방안 연구: 조창인 소설 『첫
　　　사랑』을 중심으로」, 중앙대학교 석사논문.

유정(2013), 「중국인 한국어 학습자를 위한 띄어쓰기 교육 방안 연구」, 인하대학교 석사논문.

유창(2011), 「중국인 학습자를 위한 한국어 '추측'과 '의지'표현의 교육방안 연구」, 부산외국어대학교 석사논문.

유환(2012), 「한중 의문문의 반문용법 대조 연구」, 인제대학교 석사논문.

유흔동(2012), 「중국인 학습자를 위한 '-겠'의 교육 방안 연구」, 전남대학교 석사논문.

윤지혜(2013), 「한국어 지시 화행 연구-중급 교재를 중심으로」, 충북대학교 석사논문.

이동석·김보은(2014), 「한국어 교육에서의 '-냐'계 어미 교육」, 『새국어교육』 98, 한국국어교육학회, 461-493.

이명희(2010), 「중국어권 학습자를 위한 한국어 화행 교육 연구」, 서울대학교 박사논문.

이미혜(2005), 「한국어 문법 교육 연구-추측 표현을 중심으로」, 이화여자학교 박사논문.

이승연(2012), 「고급 한국어 학습자를 위한 수사 의문문 교육 연구-논증적 글쓰기의 문어체 수사 의문문을 중심으로」, 『한국어 교육』 23-3, 국제한국어 교육확회, 259-287.

이영민(1998), 『국어 의문문의 통사론』, 도서출판 보고사.

_____(1998), 『국어 의문문의 통사론』, 보고사.

이영숙(2004), 「한국어 문법 교육의 실태와 효율적인 교육 방안 연구」, 『교육한글』 16,17, 한글학회, 35-57.

이운혜(2010), 「외국인을 위한 한국어 연결어미 '-아서'와 '-니까'의 나선형 교육방안 연구」, 세종대학교 석사논문.

이은경(1992), 「의문문의 화용론적 분석」, 경북대학교 석사논문.

이은섭(2005), 『현대 국어 의문사의 문법과 의미』, 태학사.

이정식(2010), 「술어반복 선택 의문문」, 『언어학』 18-2, 대한언어학회, 89-114.

이종철(1996), 「간접 지시 화행의 양상과 함축적 의미」, 『호서언문연구』 4-1, 호서대학교 국어국문학과, 3-29.

이준호(2008), 「화용론적 관점에서 본 의문문 교육 연구-한국어 교재에 나타난 의문문을 중심으로」, 『한국어 교육』 19-2, 국제한국어 교육확회, 1-26.

_____(2010), 「TTT 모형을 활용한 추측 표현 교육 연구」, 『이중언어학』 44, 이중언어학회, 247-273.

이준희(1999), 「국어의 간접 화행에 관한 연구」, 한양대학교 박사논문.

이지수(2010), 「문장 구성 능력 향상을 위한 교육 내용 연구」, 서울대학교, 석사논문.

이진선(2009), 「한국어 의문문억양 오류 분석 및 교육 방안 연구: 태국어권 한국어 학습자를 대상으로」, 한국외국어대학교 석사논문.

이창덕(1992a), 「의문의 본질과 의문문의 사용 기능」, 『연세어문학』 24-1, 연세대학교 국어국문학과, 95-134.

_____(1992b), 「질문 행위의 언어적 실현에 관한 연구」, 연세대학교, 박사논문.

_____(2005), 「간접 화행과 문법제약의 불규칙성에 대하여: 한국어 질문문을 중심으로」, 『텍스트언어학』 19-1, 한국텍스트언어학회, 109-132.

이춘근(2001), 「문장 교육의 필요성」, 『문창어문논집』 38, 문창어문학회, 27-51.

이춘염(2013), 「중국인 학습자를 위한 한국어 부정 의문문의 교육 연구-중·고급 학습자를 대상으로」, 서울대학교 석사논문.

이필영(2003), 「간접 화행 해석의 조건과 방향」, 『텍스트 언어학』 15, 텍스트언어학, 313-339.

이한민(2010), 「한·영 의문문 형식의 간접 화행 연구」, 『담화와 인지』 17-2, 담화·인지 언어학회, 95-118.

이현희(1982), 「국어 의문법에 대한 통시적 연구」, 서울대학교 석사논문.

이현의(2005), 「한국어 의문문의 초점 발화와 지각 양상 연구: 일본인 한국어 고급 학습자를 대상으로」, 이화여자대학교 석사논문.

이혜용(2010), 「한국어 정표화행 연구: 정표화행의 유형 분류와 수행 형식」, 이화여자대학교, 박사논문.

이효숙(2012), 「한국어 교육에서의 효율적인 발음교육 방안 연구-일본인 초급학습자를 대상으로-」, 인하대학교 박사논문.

이효신(2013), 「중국인 학습자를 위한 한국어 의문문 억양 교육 연구」, 중앙대학교, 석사논문.

이홍수·김귀석·박덕룡(1996), 「영어교육과정에 제시된 의사소통기능의 이해」, 『Studies in English Education』 1-1, 글로벌영어교육학회, 31-49.

임동훈(2011), 「한국어의 문장 유형과 용법」, 『국어학』 60-1, 국어학회, 324-423.

임초희(2012), 「한국어 의존 구성 교육 방안 연구-담화 기능을 중심으로」, 숙명여자대학교 석사논문.

임춘희(2010), 「한국어와 중국어의 부정 표현 대비 연구」, 건국대학교 석사논문.

임형재(2010), 「지난 10년, 한국어 교육의 변화와 과제」, 『한민족문화연구』 32, 한민족문화학회, 269-299.

_____(2011), 『중국어 화자를 위한 한국어학습사전』, 한국외국어대학교 출판부.

임홍빈(1988), 「'무슨'과 '어떤' 의문에 대하여: 의문의 통사론과 의미론을 중심으로」, 『외국어로서의 한국어 교육』, 연세대학교 한국어학당 13-1호.

_____(1998), 『국어 문법의 심층 I, II, III』, 태학사.

장경기(1982), 「國語 疑問法의 肯定과 否定」, 『국어학』, 국어학회 11, 89-115.

_____(1986), 「국어의 부정 의문문과 전제」, 『語學硏究』 22-1, 서울대학교 어학연구소, 19-40.

_____(1989), 「국어의 부정 의문문과 화행」, 『연구논문집』 22-1, 울산대학교 연구논문편집위원회, 49-63.

_____(1993), 「국어 부정 의문문의 구조와 의미해석」, 『현대영미어문학』 10, 한국영

어영문학회.

_____(2001), 「국어 부정 의문문의 통사적 연구」, 『언어』 26-1, 한국언어학회, 185-208.

장방(2011), 「한·중 부정 의문문의 대비 연구」, 충남대학교 석사논문.

장석진(1975), 「문답의 화용상」, 『어학연구』 11-2, 서울대학교 어학연구소, 185-197.

_____(1984), 「화행의 이론과 실제: 동문서답」, 『어학연구』 20-1, 서울대학교 어학연구소, 1-18.

_____(1987), 「한국어 화행동사의 분석과 분류」, 『어학연구』 23-3, 서울대학교 어학연구소, 307-339.

장영준(2000), 「한국어의 두 가지 의문문과 존재양화 해석」, 『한국어학』 11-1, 한국어학회, 293-324.

장향실(2006), 「중국 대학의 한국어 전공 학습자를 위한 쓰기 교육 연구」, 『이중언어학』 32, 이중언어학회, 325-347.

장효은(2008), 「한국어 지시 화행과 공손성의 상관관계 연구-부탁 화행과 제의 화행을 중심으로」, 한국외국어대학교 석사논문.

전정미(2009), 「거절 화행에 나타난 대화 전략 연구」, 『담화와 인지』 16-1, 담화·인지언어학회, 113-134.

전지향(2005), 「외국인 노동자를 위한 교수요목 설계: 과제선정 및 실제 자료 구축」, 경희대학교 석사논문.

전혜경(2006), 「한국어 문화수업 교수요목 구성 방안 연구: 단기과정을 위한 현장학습을 중심으로」, 한양대학교 석사논문.

정명숙(2003), 「'비즈니스 한국어'의 교수요목 설계를 위한 연구」, 『한국어 교육』 14-2, 국제하국어교육학회, 404-421.

정신원(1986), 「국어 의문법 연구: 표현의미를 중심으로」, 홍익대학교 석사논문.

정재은(1994), 「국어의 간접 화행에 관한 몇 가지 연구」, 한국외국어대학교 석사논문.

정종수·이필영(2005) 「간접 화행 판단의 제문제」, 『한국언어문화』 28, 한국언어문화학회, 47-67.

정주리(1989), 「국어 의문문의 의미에 대한 연구: 화용적 의미 기능을 중심으로」, 고려대학교 석사논문.

정철호(1983), 「화행의 간접성과 회화 함축 의미」, 한남대학교 석사논문.

정태섭(2010), 「한국어 교수요목을 위한 요구분석 모형 개발 연구」, 『한국어 교육』 21-3, 국제하국어교육학회, 209-230.

_____(2012), 「요구분석을 통한 한국어 교수요목 설계 방안 연구: 원어민 영어 보조교사를 대상으로」, 한국외국어대학교 박사논문.

정해권(2010), 「한국어 의문문 습득의 중간언어 연구」, 한국외국어대학교 석사논문.

조세영(2008), 「외국인을 위한 한국어 반어법 교육 방안」, 한양대학교 석사논문.

조영심(1998), 「의문문의 화용론적 의미분석 연구」, 전주대학교 석사논문.

조영아(2003), 「한국어 교육의 교육과정과 교수요목 설계」, 『국제한국어 교육학회 학술대회논문집』 2003, 국제한국어 교육학회, 215-230.

조향숙(2006), 「국어 선택 발화의 실현 양상(2)-의문형 종결어미와 선택어구를 중심으로」, 『룡봉논업』 36, 전남대학교 인문과학연구소, 323-347.

주경래(2009), 「한국어 선어말어미 '-겠-'의 문법적 의미와 중국어에서의 대응연구」, 숭실대학교 석사논문.

주설(2010), 「한국어와 중국어의 지시 화행 응대에 대한 대조 연구」, 한양대학교 석사논문.

진강려(2011), 「중국인 학습자를 위한 한국어 부정 의문문 교육 연구」, 『국어교육연구』 28, 서울대학교 국어교육연구소, 31-60.

_____(2012), 「중국인 학습자를 위한 의문문의 간접 화행 교육 연구」, 서울대학교 박사논문.

_____(2014), 「한국어 의문문의 지시 화행 사용 양상 조사」, 『한중경제문화연구』 2012-1, 한중경제문화학회, 267-299.

채완·이익섭(1999), 『국어문법론 강의』, 학연사.

최연(2010), 「한국어 교육 현장에서의 의문문 형태의 접근과 현황-중한 의문문대조를 중심으로」, 『문법 교육』 12, 한국문법교육학회, 399-424.

최윤곤(2010), 『한국어 문법 교육과 한국어 표현범주』, 한국문화사.

최현배(1937), 『우리말본』, 연희전문학교출판부.

_____(1955), 『우리말본』, 정음사.

필숙나(2012), 「한중 서법표현에 대한 대조 연구」, 명지대학교 석사논문.

한길(2005a), 「한국어 반어법의 실현방법」, 『인문과학연구』 13, 강원대학교 인문과학연구소, 1-35.

____(2005b), 『현대 우리말 반어법 연구』, 역락.

한선(2011), 「문화간 의사소통 중심의 한국 문화 교수요목 설계 방안 연구」, 한국외국어대학교, 박사논문.

한송화(2003), 「기능과 문법적 요소의 연결을 통한 한국어 교육-명령 기능을 중심으로」, 『한국어 교육』 14-3, 국제한국어 교육학회.

한재영 외(2005), 『한국어 교수법』, 태학사.

한지현(2007), 「한국어 교육을 위한 수사 의문문의 담화맥락적 연구」, 한국외국어대학교 석사논문.

허연경(2008), 「한국어 의향의문형 종결어미의 연구-'-(으)ㄹ까'와 '-(으)ㄹ래'를 중심으로」, 한국외국어대학교 석사논문.

허용 외(2009), 『한국어 교수법』, 한국문화사.

허용·김선정(2013), 『대조언어학』, 소통.

황페이(2011), 「의문문에 대한 한·중 대조 연구」, 한양대학교 석사논문.
황현숙(2006), 「중국인의 한국어 의문문억양 실현 연구」, 충남대학교 박사논문.
SUN, HE(2012), 「중국인 한국어 학습자의 의지표현 사용 양상 연구 : '-(으)ㄹ게'와'-
　　　　(으)ㄹ래'를 중심으로」, 이화여자대학교 석사논문.
xingxiaofang(2013), 「한·중 의문문의 대조 연구」, 이화여자대학교 석사논문.

〈외국 논저〉
陳忠(2005), 『認知言語學研究』, 山東教育出版社.
段業輝(1995), 「語氣副詞的分布及語用功能」, 漢語學習(4).
侯文玉(2012), 「汉韩语疑问词对比研究」, 上海外国语大学 博士论文.
許余龍(1992), 「對比語言學的定義與分類」, 外國語, 80-4.
黃伯榮·廖序東(1991), 『現代漢語』, 高等教育出版社.
黃泰銓(2001), 「交際教學法述評」, 四川師範大學學報, 28-6.
黃月華, 左双菊(2009), 『原型範疇與家族相似性範疇』, 語文研究.
季小軍(2011), 「俄語一般疑問句的機能研究」, 上海外國語大學校, 博士論文.
金星花(2004), 「英朝特殊疑問句對比」, 延邊大學校, 碩士論文.
兰巧玲(2007), 「俄汉语是非问句对比研究」, 黑龙江大学, 博士论文.
李麗麗(2010), 「論日語疑問文-從語用機能的角度」, 黑龍江大學校, 碩士論文.
林珠里(2011), 「漢韓能願動詞比較分析」, 華中科技大學, 碩士論文.
劉小潔(2007), 「中級漢語口語語氣教學研究」, 吉林大學 碩士論文.
蔞珺(2012), 「中朝 反語法疑問文 實現方法 對照研究」, 『中國 朝鮮語文』 177.
呂礼强(2012), 「韩中疑问句对比分析」, 上海外国语大学, 석사논문.
呂叔湘(1944), 《中国文法要略》.
任晨霞(2002), 「疑問形式的 非疑問句」, 『日語知識』, 2-5.
石照霞(2012), 「間接言語行爲理論研究及其在大學英語教學中運用」, 海外英語.
舒璨(2011), 「外語教學中廳說法與意念-功能法的比較研究」, 華中師範大學 研究
生學報, 18-1.
宋永圭(2004), 「現代漢語情態動詞能的不定研究」, 復旦大學校, 碩士論文.
孙汝建(2000), 『汉语语调的语气和口气功能』, 南通师范学院学报.
孫幇俊(2008), 「疑問句及其非疑問語用機能」, 『黑龍江教育學院學報』, 27-12.
譚軼操(2007), 「現代漢語疑問句語用研究」, 延邊大學校, 碩士論文.
王力(1985), 『中國現代語法』, 商務出版社.
王群(2009), 「俄漢語間接言語行爲對比研究」, 黑龍江大學校, 碩士論文.
王文芳(2009), 「現代漢語語氣詞吧0研究綜述」, 鹽城師範學院學報, 29-2.
吳善子(2010), 「汉韩反诘语气副词对比研究」, 上海外國語大學校, 博士論文.

邢福義(1991), 『漢語語法學』, 東北師範大學出版社.
邢福義(1991), 『現代漢語』, 高等敎育出版社.
许余龙(2010), 『对比语言学』, 上海外语敎育出版社.
杨红(2011), 现代汉语疑问语气副词与疑问句类型匹配能力研究, 华中师范大学, 硕士論文
楊紅(2011), 「現代漢語疑問語氣副詞與疑問句類型匹配」, 華中師範大學, 석사논문.
尹洪波(2007), 「現代漢語疑問句的言語行爲類型」, 『漢江大學學報』, 26-3.
兪約法(1980), 「功能法的綱領性文件-威爾金斯的≪語法大綱、情境大綱和意念大綱≫一文內容述要」, 『國外外語敎學』.
袁妮(2005), 「言語行爲視角下的疑問間接機能研究」, 『俄語敎學』, 24-4.
張小峰(2003),「現代漢語語氣詞/吧0、/呢0、/啊0的話語功能研究」, 上海師範大學 博士論文
張曉濤(2009), 「現代漢語疑問範疇和否定範疇的相通性及句式整合」, 吉林大學校 博士論文
趙新(2012), 「現代漢語非疑問機能疑問句研究」, 渤海大學校 碩士論文
趙艶芳(2001), 認知言語學槪論, 上海外語敎育出版社.
周士宏·岑運强(2008), 「試論語氣詞吧的情態意義」, 北方論從 212-6.
Brown H. D(1980), *Principles of Language Learning and Teaching*, Pearson Education: 이호수 외 공역(2010), 외국어 학습·교수의원리, 피어슨에듀케이션코리아.
Brown H. D(2007), *Teaching by principlis-An Iteractive Approach to Language Pedagogy*, Pearson Education: 권오량·김영숙 공역(2010), 원리에 의한 교수, 피어슨에듀케이션코리아.
Chamot, A(2005), *Language learning strategy instruction: Current issues and research*, Annual Review of Applied Linguistics.
Jeannettle Littlemore(2009), 김주식 옮김, 『인지언어학과 외국어 교수법』(2012), 소통.
John R. Taylor (1999), 『인지언어학이란 무엇인가?』, 한국문화사.
Lakoff,J. Fire(1987), *Women and Dangerous Things: What Categories Reveal about the Mind*, Chicago: The University of Chicago Press.
Labov, Willian(1973), *The Social Setting of Linguistic Change*, T. Sebeok Current.
Larsen-Freeman,Diane(2003), 『외국어 교육의 교수기법과 원리』, 동인.
Levinson, Stephen C.(1983), *Pragmatics*, New York : Cambridge University Press.
Morris(1938), *Foundations of the Theory of Signs*, Chicago : Chicago University Press.
Oxford, R.(1990), *Language learning strategies: What every teacher should know*, New York: Newbury House.
Richards, J.(1984), *Language Curriculum Development*, RELC Journal15(1).
Rod Ellis(1994), *The Study of Second Language Acquisition*, Owford University Press.

Rosch, E.(1975), *Cognitive Representation of Semantic Categories*, Journal of Experimental
　　　Psychology.
Searle, J.R.(1969), *Speech Acts*, Cambridge University Press.
Searle, J.R.(1975), *Indirect Speech Acts, Syntax and Semantics*, Vol.3, New York: Academic
　　　Press.
Terence Odlin(1989), *Language Transfer: Cross-linguistic influence in language learning*,
　　　the Press Syndicate of the University of Cambridge.
Tsui, Amy B.M.(1994), *English Conversation*, Oxford University Press.
V. Evans, M. Green(2006), Cognitive Linguistics: An Introduction, Edinburgh.
University Press: 임지룡·김동환 공역(2008), 『인지언어학 기초』, 한국문화사.
Wittgenstein, L.(1953), *Philosophiacl Investigation*, Oxford: Basil Blackwell.

▶ 부록1 드라마 대본에 관한 의문형 종결형 조사

	신사의 품격 1회	시크릿 가든 1회	하이킥 짧은 다리의 역습 16화	제빵왕 김탁구 18회	너 내게 반했어 4회	미남이시네요 14회	커피프린스 1호점 11회	총계	실현빈도
총 문장 수	938	980	116	2,098	1,166	908	1,294	7,500	
의문문수	222	336	33	204	222	130	215	1,365	
종결어미로 끝난 의문문 수	178	285	18	135	171	94	190	1,071	
아/어/여(요)	62	110	7	38	60	23	79	379	35%
세요	10	11		5	9	1	4	40	3.7%
예요/이에요	4	2		1	3	2	1	13	1.2%
야	22	39	2	14	29	9	23	138	13%
냐	16	18	2	16	8	4	26	90	8.4%
ㅂ니까/습니까	8	21		14	2	13	2	60	5.6%
지(요)/죠	20	20	3	13	19	15	24	114	10.6
(으)ㄹ까(요)	12	7		1	10	8	7	45	4.2
(으)ㄹ래(요)	2	5		7	3		3	20	1.86
나(요)	4	6			2	2	3	17	1.58
ㄴ가(요)	3	5		6	4		3	21	1.96
ㄴ/는데(요)	3	21	2	3	12	2	2	45	4.2
게(요)	2	3		1	1			7	0.65
니	1	2		5		9		17	1.58
다면서(요)	1	4		2	1	1	2	11	1.02
거든(요)	2	1	1	1	2		3	10	0.93
라고/다고/냐고(요)	4	6	1	5	4	4	4	28	2.6
구나	1			1				2	0.18
네		3			1	1	1	6	0.56
네요							1	1	0.09
잖아(요)		1			1		3	5	0.46
고		1						1	0.09
다니/라니(요)		1	1	3				3	0.74
소					1			1	0.09
든가						1		1	0.09
구요/는구나					1		1	2	0.18

▶ 부록2

年级		韩国语等级	TOPIK_____级,
性别			(尚未考TOPIK的情况)相当于TOPIK_____级
年龄		在韩国居住时间	___年 ____个月

I. 请根据**情节提示**，写出**两个以上**你认为**符合当时情境**的句子。

【提示】　① 请用括号内给出的关键词完成句子。

　　　　　② 请在句子的末尾标注上"。，！?"等标点符号。

　　　　　③ 有不懂的词汇可以查字典。

| 1. 중국 학생 마정은 수업 시간에 선생님께서 내주신 숙제가 무엇인지 이해하지 못하였다. 그래서 마정은 선생님께 다시 숙제가 무엇인지 여쭤보려고 한다. 이 상황에서 마정이 할 말로 가장 적절한 말을 완성해 보세요. | 1. 中国学生马静没有听懂老师课上布置的作业，马静想请老师再说一下作业。请认真思考语境，填写两个符合当时情境的句子。 |

☞ 마정: 선생님, _____ (숙제, 작업)

①

②

| 2. 민호는 같은 반 친구 민정을 좋아한다. 민정에게 고백을 하려고 하지만 민정이 자기를 좋아할지를 모른다. 고민하는 민호는 친구 창석의 의견을 들으려고 창석을 찾아갔다. 다음의 대화를 완성해 보세요. | 2. 民浩喜欢同学敏贞，但他不确定敏贞是不是喜欢自己。苦恼的民浩想听听朋友昌硕的意见。请认真思考语境，填写两个符合当时情境的句子。 |

☞ 민호: 나 민정을 정말 좋아해. 그런데 민정이 _____ (좋아하다)

☞ **창석**: 내가 보기에 민정도 너를 좋아한 것 같아.

①

②

3. 철수가 지하철역에서 옆집에 사시는 아주머니를 만났다. 아주머니는 큰 짐을 들고 계단을 오르시고 계셨다. 철수는 아주머니를 도와드리려고 한다. 이 상황에서 철수가 할 말로 가장 적절한 말을 완성해 보세요.	3. 哲洙在地铁站遇见了邻居大姊。大姊正拎着很重的行李上楼梯。哲洙想帮助大姊。请认真思考语境，填写两个符合当时情境的句子。

☞ **철수**: 아주머니, ＿＿＿＿＿＿＿＿＿＿＿＿＿＿ (돕다, 帮忙)

①

②

4. 영수네 가족은 저녁을 먹으러 식당에 갔다. 그런데 영수와 영수 동생은 식당에서 시끄럽게 뛰어다녔다. 아버지께서 조용히 하라고 몇 번을 해도 아이들은 못 들은 척했다. 화가 난 아버지는 자식들에게 조용히 하라고 다그치려고 한다. 이 상황에서 아버지가 할 말로 가장 적절한 말을 완성해 보세요.	4. 英秀一家去饭店吃晚饭。英秀和他的弟弟妹妹们在饭店里跑来跑去，打打闹闹。英秀的爸爸说了几次让他们安静下来，孩子们就跟没听见一样。这使得爸爸很生气，他再一次命令孩子们安静下来。在这种情况下英秀爸爸会怎样说呢?

☞ **아버지**: 너희들, ＿＿＿＿＿＿＿＿＿＿＿＿＿＿ (조용히 하다, 安静)

①

②

5. 어느 날 윤아는 밤 11시까지 연구실에서 공부하고 나서 하숙하는 집에 돌아갔는데 하숙집 열쇠를 연구실에 놓고 와서 아래층에 사시는 하숙집 아주머니에게 예비 열쇠를 받으려고 한다. 옆에 있던 친구 연희는 늦은 밤이라 아주머니께서 이미 주무실 것 같아서 윤아를 말리려고 한다. 이 상황에서 연희가 할 말로 가장 적절한 말을 완성해 보세요.	5. 某日允雅在学校研究室学习到11点回到自己住的出租房时，发现家钥匙落在学校了。允雅想去跟住在楼下的主人大姊借备用钥匙。住在允雅隔壁的朋友然喜觉得，这么晚大姊应该已经睡了，她想婉转的说服允雅不要这样做。请认真思考语境，填写两个符合当时情境的句子。

☞ 윤아: 아주머니께 예비 열쇠를 달라고 해야겠다.
☞ 연희: 이렇게 늦은 시간에 찾아가면 _____
　　　　(실례가 되다或주무시다, 不礼貌 / 睡觉)

①
②

---

6. 세민은 윤아에게 이번 주말에 영화를 같이 보자고 제안한 상황이다. 윤아의 마음을 잘 모르니 조심스럽게 말을 꺼냈다. 상황에 맞게 대화를 완성하십시오.

6. 世民想约允雅这个周末一起去看影，但是不知道允雅是怎么想的,所以世民很谨慎的抛出了话题.请认真思考语境，填写两个符合当时情境的句子。

☞ 세민: 윤아야, 주말에 뭐해? 나랑 같이 영화 보러 _____(가다)
☞ 윤아: 미안해서 어떡하지. 난 선약이 있어서 못 갈 것 같아.

①
②

---

7. 소라는 어제 소방서에 불이 났다는 뉴스를 본 뒤 상지에게 이 소식을 전하였다. 상지는 그 소식을 듣고 놀랐다. 아래의 대화를 완성해 보세요.

7. 素罗把昨天看到的消防所发生火灾的新闻讲给相知听, 相知听到这个消息很吃惊。请根据语境用合理的句子完成对话。

☞ 소라: 소방서에 불이 났다는 뉴스 봤어요?
☞ 상지: 소방서에 불이 _____ (나다) 그럴 수도 있나요?

①
②

---

8. 상민은 친구 호정에게 설악산에 같이 갈 생각이 없느냐고 물었다. 음악을 듣던 호정은 어디로 간다는 것인지 듣지 못해서 다시 물어보려고 한다. 아래의 대화를 적절한 말로 완성해 보세요.

8. 尚民问朋友虎庭想不想一起去登雪月山, 虎庭在听音乐没听清尚民说去哪儿, 又问了一遍。请认真思考语境，填写两个符合当时情境的句子。

☞ 상민: 이번 주말에 설악산에 갈 건데 같이 갈래?
☞ 호정: 어디 _____? (가다)

①
②

II. 请根据情节提示，写出两个以上你认为符合当时情境的<u>疑问句</u>。

---

9. 하영은 할아버지와 버스를 타고 집에 가는 길이었다. 할아버지께서 더워서 버스 창문을 열어 두셨는데, 추위를 잘 타는 하영이 창문을 닫으려고 한다. 이 상황에서 하영이가 할 말로 가장 적절한 말을 의문문으로 완성해 보세요.

9. 荷英和爷爷一起坐公交车，爷爷觉得热把车窗打开了，可是荷英很怕冷，她想把车窗关上。她会怎样跟爷爷说呢?请根据语境用合理的疑问句来完成句子。

☞ 하영: 할아버지, ＿＿＿＿＿＿＿＿＿＿＿＿＿ (창문을 닫다, 关窗)

①

②

---

10. 창수가 누나와 함께 백화점에 가서 여자 친구인 수진에게 생일 선물을 하려고 원피스를 골랐다. 하지만 수진의 마음에 들지 않을까봐 걱정스럽다. 그래서 창수는 자신이 고른 원피스가 어떤지 누나에게 의견을 물어보고 싶다. 이 상황에서 창수가 할 말로 가장 적절한 말을 의문문으로 완성해 보세요.

10. 昌秀和姐姐一起去百货商店给女朋友秀珍买生日礼物。昌秀看中了一件连衣裙，但是他不知道秀珍会不会喜欢这件衣服。他想咨询一下姐姐的意见。昌秀会怎样说呢?请根据语境用合理的<u>疑问句</u>来完成句子。

☞ 창수: 누나, ＿＿＿＿＿＿＿＿＿＿＿＿＿ (좋아하다, 喜欢)

①

②

---

11. 학교에 갈 시간이 지났는데도 수미는 집에서 어정거리고 있었다. 그 모습을 본 어머니는 <u>화가 나서</u> 수미에게 학교에 빨리 가라고 <u>재촉하려고 한다.</u> 이 상황에서 어머니가 할 말로 가장 적절한 말을 의문문으로 완성해 보세요.

11. 已经过了上学的时间了，妈妈不停的催秀敏，可是秀敏还在家里慢吞吞的磨唧。妈妈看到秀敏这样很生气，她想催促秀敏快点去学校。妈妈会怎样说呢?请根据语境用合理的<u>疑问句</u>来完成句子。

☞ 어머니: 너 계속 이렇게 어정거릴 거야? ＿＿＿＿＿＿? (학교에 가다)

①

②

---

12. 동석과 보은은 성일의 여자 친구 외모에 대해 이야기하고 있다. 동석은 성일의 여자 친구가 참 예쁘다고 생각하지만 보은은 그렇게 생각하지 않는다. 아래의 대화를 적절한 의문문으로 완성해 보세요.	12. 东赫和宝恩在谈论成日的女朋友的长像。东赫觉得成日的女朋友很漂亮，宝恩却不这么认为。请根据语境用合理的疑问句来完成句子。

☞ 동석: 성일의 여자 친구가 참 예쁘지?
☞ 보은: 그 여자가 _____? (예쁘다)

①
②

13. 보라와 은상은 동창모임을 위하여 저녁 식사를 준비하고 있다. 음식을 넉넉히 준비했지만 보라가 혹시나 음식이 모자랄까봐 좀 걱정한다. 아래의 대화를 적절한 의문문으로 완성해 보세요.	13. 宝罗和恩相在为同学聚会准备晚餐。虽然准备了很多，但宝罗还是有点担心吃的不够。请根据语境用合理的疑问句来完成句子。

☞ 보라: 음식이 이렇게 넉넉히 준비했는데 _____. (모자라다)
☞ 은상: 그럼요, 걱정 마세요. 넉넉할 거예요.

①
②

14. 동석과 명철은 회사 동료이다. 어느 날 동석은 명철의 여동생이 예쁘다는 소문을 듣고 얼마나 예쁜지 궁금해서 명철에게 여동생의 사진을 보여 달라고 한다. 아래의 대화를 적절한 의문문으로 완성해 보세요.	14. 东锡和明哲是同事。东锡听别的同事说明哲的妹妹智恩很漂亮。他很想知道智恩是不是真的那么漂亮，就拜托东锡给自己看看智恩的照片。请根据语境用合理的疑问句来完成句子。

☞ 동석: 명철 씨, 여동생이 _____? (예쁘다) 사진 좀 보여 주세요.
①
②

15. 혜연이와 하나는 이상형에 대해 이야기하고 있었다. 혜연이는 모든 것이 완벽한 사람과 결혼을 꿈꾸고, 하나는 세상에 완벽한 사람은 없다고 생각한다. 아래의 대화를 적절한 의문문으로 완성해 보세요.	15. 惠妍和朋友汉娜一起聊梦中情人是什么样的。惠妍说自己以后要嫁给一个完美的人。汉娜不认同惠妍的想法，她觉得世界上根本没有那样的人,请根据语境用合理的疑问句来完成句子。

☞ 혜연: 난 나중에 예쁘고, 착하고, 똑똑한 부자와 결혼할 거야.
☞ 하나: 에이, 세상에 그런 사람이 _____? (있다)

①
②

▶ 찾아보기

ㅊ

ㅌ

ㅍ

ㅎ